TABLE

CHRONOLOGIQUE ET ALPHABÉTIQUE

Des Lois et Ordonnances

D'UN INTÉRÊT PUBLIC ET GÉNÉRAL

Celles qui ont principalement un caractère
politique, administratif ou judiciaire,
contenues dans les collections anciennes
et Bulletin officiel des lois, etc.

Recueil,

Depuis 1790 jusqu'en 1851 inclus,

Spécialement

à l'usage des Membres des
Cours et tribunaux de première instance,
Conseillers de préfecture, Maires et Adjoints, Membres
des Conseils électifs et généralement de
tous les agents du Pouvoir
exécutif,

Destinées à
faciliter les recherches
dans le Bulletin et les Recueils des
lois, et contenant l'indication sommaire
de la législation sur chaque
pouvant être tenues facilement et sans frais, au courant de
celle à intervenir.

Par A. Devoir de Villacor

CONSEILLER DE PRÉFECTURE

PARIS,

Rue

1852.

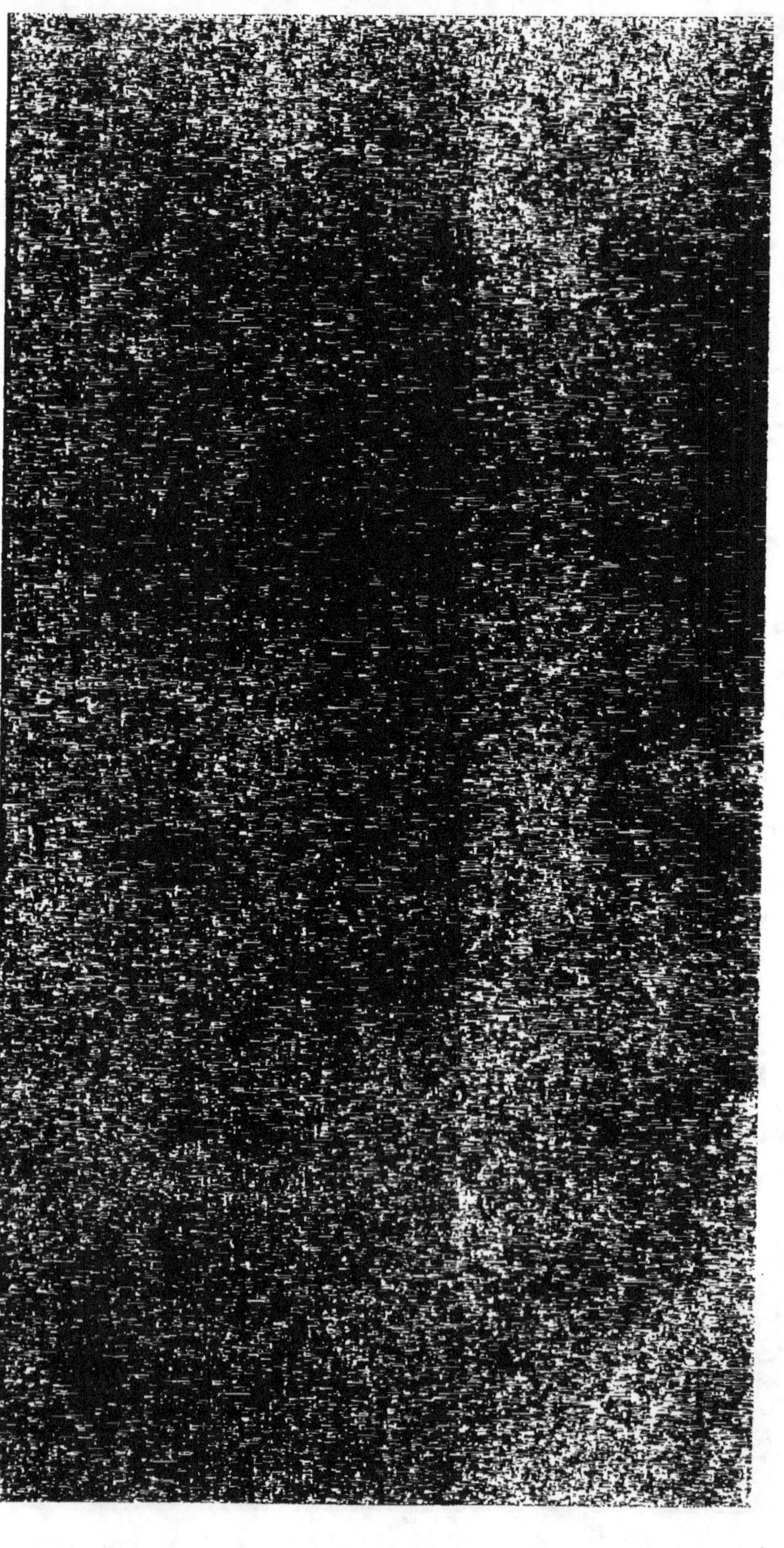

TABLES

Chronologique et Alphabétique

DES LOIS ET ORDONNANCES

D'un intérêt public et général.

TABLES

CHRONOLOGIQUE & ALPHABÉTIQUE

Des Lois et Ordonnances

D'UN INTÉRÊT PUBLIC ET GÉNÉRAL,

(Celles qui ont principalement un caractère historique,
politique, administratif ou judiciaire, et sont
contenues dans les collections anciennes,
le Bulletin officiel et les divers
Recueils),

Depuis 1789 jusqu'en 1851,

Spécialement
à l'usage des Membres des
cours et tribunaux de première instance,
Conseillers de préfecture, Maires et Adjoints, Membres
des Conseils électifs et généralement de
tous les agents du Pouvoir
exécutif,

Destinées à
faciliter les recherches
dans le Bulletin et les Recueils des
lois, et contenant l'indication sommaire
de la législation sur chaque matière,
Pouvant être tenues facilement et sans frais au courant de
celle à intervenir,

Par A. Voysin de Gartempe,

CONSEILLER DE PRÉFECTURE.

GUÉRET,

IMPRIMERIE DE DUGENEST. — 1851.

AVIS.

La table chronologique se divise en trois parties, 1° lois antérieures au Bulletin officiel, depuis le 4 août 1789 jusqu'au 22 prairial an II, date de la création du Bulletin des lois ; 2° lois insérées au Bulletin depuis cette époque jusqu'à la Révolution de février 1848 ; 3° lois rendues par les assemblées nationales depuis la proclamation de la République.

Les deux tables peuvent être tenues au courant de la législation future par des annotations que l'on fera sur les pages blanches laissées à la fin de chaque table, et dont il sera facile d'augmenter le nombre par des feuilles intercalaires.

Cet ouvrage a été entrepris dans le but de populariser la législation en indiquant, d'une manière exacte et succincte, ce qui doit être à la connaissance de tous, et surtout de ceux qui sont appelés à prendre une part quelconque à la gestion des intérêts du pays.

Il est le résultat de recherches consciencieuses et d'une expérience acquise au barreau, dans l'ordre judiciaire et dans l'administration.

Abréviations principales.

Const.	Constitution.
Ch.	Charte constitutionnelle.
L.	Lois.
S -C.	Senatus-consulte.
O.	Ordonnance.
D.	Décret.
Arr.	Arrêté.
Instr.	Instruction.
Régl.	Règlement.
Arr. Cass.	Arrêt de la cour de cassation.
Av.	Avis du Conseil d'État.
C. C.	Code civil.
C. Pr.	Code de procédure.
Inst. Crim.	Code d'instruction criminelle.
C. P.	Code pénal.
A.	Article.
V.	Voyez.

TABLE CHRONOLOGIQUE.

Ire PARTIE.

LOIS ANTERIEURES AU BULLETIN OFFICIEL (*).

1° Assemblée constituante.

4 AOUT 1789. — D. abolissant la *féodalité*. (V. L. des
15 et 21 mars, 3 mai, 12 août, 28 octobre, 14
novembre, 18 décembre 1790 ; 13 avril, 15 juin
1791 ; 14, 17, 20, 25, 28 août, 7 décembre
1792; 10 juin, 6 et 17 juillet, 2 octobre 1793; 9 brumaire, 28 nivôse, 7 ventôse, 29 floréal an II;
Av. 30 pluviôse an XI ; 13 messidor an XIII ; Arr.
30 frimaire an XII ; D. 23 avril 1807 ; Av. 7 et 14
mars 1808 ; D. 26 août, 9 décembre 1811 ; 22,
27 décembre 1812.)

8 OCTOBRE 1789. — D. sur la réforme partielle de la
jurisprudence criminelle. (V. D. des 21 janvier, 22
avril 1790 ; 16, 29 septembre 1791 ; C. du 3 brumaire an IV ; Inst. Crim. 17 novembre 1808 ; C. P.

(*) La date indiquée est celle du décret rendu par l'Assemblée nationale qui ne prenait le titre de loi qu'après avoir ob-
tenu la sanction du Roi, ou, plus tard, qu'après avoir été
revêtu des formes constitutionnelles.

1*

12 février 1810 ; L. 28 avril 1832 ; 9 septembre 1835 ; 11 octobre 1849 ; 2 janvier 1850.)

21 OCTOBRE 1789. — D. contre les *attroupements*. (V. L. des 26 juillet 1791; 23 juin 1793; 10 avril 1831; 7 juin 1848.)

14 DÉCEMBRE 1789. — D. relatif à la constitution des *municipalités*. (V. L. du 29 décembre 1790 ; Const. 5 fructidor an III, titres 1 et 7 ; L. 22 prairial an V ; Const. 22 frimaire an VIII ; L. 28 pluviôse an VIII ; 21 mars 1831 ; 18 juillet 1837 ; D. 3 juillet 1848 ; L. 8 février, 15 mars, 29 novembre 1849 ; 31 mai 1850.)

22 DÉCEMBRE 1789. — D. sur la constitution des *assemblées primaires et administratives*. (V. Instr. 8 janvier 1790; L. 29 décembre 1789, 2 et 26 février, 30 mars, 19 avril, 12 août 1790 ; 15 mars 1791; Const. 24 juin 1793, A. 11 ; Const. 5 fructidor an III, A. 17 et suivants, A. 174 et suivants ; L. 25 fructidor an III ; 5 ventôse an V ; 28 pluviôse, 18 ventôse, 6 germinal an VI ; Const. 22 frimaire an VIII ; L. 28 pluviôse an VIII ; 13 ventôse an IX ; S.-C. 16 thermidor an X, A. 1 et suivants ; 28 floréal an XII, A. 98 ; D. 17 janvier 1806 ; L. 5 février 1817; 29 juin 1820 ; 22 juin 1833 ; 10 mai 1838 ; D. 5 mars 1848 ; Instr. 8 mars 1848 ; D. 3 juillet 1848 ; Const. 4 novembre 1848, A. 20 et suivants ; L. 8 février et 29 novembre 1849 ; 31 mai 1850.)

13 FÉVRIER 1790. — D. portant que la loi ne reconnaît

pas de *vœux monastiques*. (V. D. 19 et 20 février; 19 et 20 mars 1790.)

26 FÉVRIER 1790. — D. ordonnant la division de la France en *départements*. (V. D. 1er mai 1790 ; 11 septembre 1791 , et L. des 19 vendémiaire an IV ; 28 pluviôse an VIII ; Arr. du 17 ventôse an VIII.)

28 FÉVRIER 1790. — D. sur la constitution de *l'armée*. (V. A. 14 , Ch. de 1814 ; L. 10 mars 1818 ; O. 2 août 1818 ; L. 21 mars 1832; 14 avril 1832 ; O. 28 avril 1832 ; L. 19 mai 1834 ; Const. 1848 , A. 50 , 101 et suivants.)

31 MARS 1790. — D. sur l'organisation du *pouvoir judiciaire*. (V. L. 30 avril, 1er, 3, 4, 5, 7, 8, 24, 26, 27 mai, 4, 16, 25 août, 2, 6, 7 septemb., 12, 18 octob. 1790; 20 janvier et 6 mars 1791 ; Const. successives ; L. 27 ventôse an VIII ; 29 ventôse an IX ; D. 30 mars 1808 ; L. 20 avril, 6 juillet, 18 août 1810; D. 30 janvier , 27 février 1811 ; Av. 13 octobre 1812 ; O. 3 mars 1815 ; L. 25 décembre 1815 ; O. 17 juillet 1816 ; 24 septembre et 11 octobre 1820 ; 6 novembre , 26 décembre 1822 ; 24 juillet 1825 ; 24 septembre 1828 ; L. 10 décembre 1830 ; O. 17 mai 1832 ; 16 mai 1835 ; L. 9 juillet 1837 ; O. 13 juillet , 7 novembre 1837 ; L. 25 mai et 11 avril 1838 ; O. 18 avril 1841 ; L. 23 avril 1841 ; O. 24 avril 1841 ; 3 et 5 août 1844 ; L. 21 et 27 juin 1845 ; O. 6 décembre 1845 ; 18 janvier, 18 juillet et 2 novembre 1846 ; D. 6 mars, 17 avril , 17 août, 18 octobre , 12 décembre 1848 ;

Arr. 6 janvier 1849 ; L. 8 et 10 août 1849.) (V. L.
sur l'organisation judiciaire, par Dupin, Paris,
1819.)

30 avril 1790. — D. sur la *chasse*. (V. O. 1669, titre
30, A 4 ; L. 4 août 1789 ; L. 28 vendémiaire, 19
pluviôse, 10 messidor an V ; D. 4 mai 1812; L. 3
mai 1844 ; ordonnance du 5 mai 1845.)

21 mai 1790. — D. sur l'organisation de la *Municipalité de Paris*. (V. L. 20 avril 1834.)

22 mai 1790. — D. concernant le *droit de faire la paix
ou la guerre*. (V. Const. successives.)

28 mai 1790. — D. relatif aux *assemblées électorales*.
(V. L. 22 décembre 1789.)

30 mai 1790. — D. relatif aux *mendiants* et *ateliers de
secours*. (V. D. 6 juin, 31 août 1790 ; 24 vendémiaire , 11 brumaire an II ; 5 juillet, 22 décembre 1808 ; C. P. A. 274.)

19 juin 1790. — D. qui abolit la *noblesse héréditaire*
et les *titres nobiliaires*. (V. D. 30 juillet, 27 septembre 1791 ; S.-C. 28 floréal an XII ; D. 30 mars
1806 ; S.-C. 14 août 1806 ; D. 1er mars 1808 ; 4
mai , 4 juin 1809 ; 3 mars 1810; Ch. A. 71 ; Ch.
1830 A. 62 ; D. 29 février 1848 ; Const. 4 novembre
1848 A. 10.)

12 juillet 1790. — D. sur la *constitution civile* et le
traitement du clergé. (V. Décl. 19 mars 1682 ; D.
2, 7, 13, 14 novembre 1789 ; L. 24 juillet, 3, 11
août , 18 octobre , 15 et 27 novembre , 10 et 20
décembre 1790 ; 4, 13, 25 et 27 janvier, 5 février ,

10 et 18 mars , 12 et 15 avril , 7 mai 1791 ; 26 août
1792 ; 19 juillet , 12 août , 17 septembre 1793 ; 29
vendémiaire , 22 ventôse , 22 germinal , 22 floréal
an II ; 3 ventôse an III ; 7 vendémiaire , 22 germinal an IV ; 19 fructidor an V , A. 25 ; Arr. 4
brumaire an VI ; L. 18 germinal an X ; Arr. 18 et
29 germinal an X ; 18 nivôse an XI ; D. 11 prairial
an XII ; 5 nivôse an XIII ; 30 décembre 1809 ; L.
14 février 1810 ; D. 25 et 28 février 1810 ; Concordat 13 fevrier 1813; D. 25 mars 1813 ; Discours
de M. Portalis ; Rapport de Lucien Bonaparte au
Tribunat ; O. 6 novembre 1814 ; L. 2 janvier 1817;
O. 9 avril 1817 ; Concordat 11 juin 1817 ; L. 4
juillet 1821, A. 2; O. 31 octobre 1822; 25 mai 1832;
Arr. Cass. 21 février 1833 ; O. 21 octobre 1839.)

3 AOUT 1790. — D. sur les *pensions* et *récompenses nationales*. (V. L. 18 août 1791 ; 19 pluviôse an III ;
22 floréal et 28 fructidor an VII ; 21 ventôse an
IX ; 16 brumaire , 7 thermidor an X ; 18 nivôse ,
15 germinal , 15 floréal an XI ; D. 13 septembre
1806 ; 2 octobre 1807 ; Av. 11 janvier , 2 février ,
1808 ; 1er juillet 1809 ; O. 23 septembre 1814 ;
1er mai 1816 ; L. 25 mars 1817 , A. 27 ; O. 27
août 1817 ; L. 15 mai 1818 , A. 14 et 15 ; O. 8
juillet 1818; 13 octobre 1819, A. 2, 3, 10; 22 février
1821 ; 2 octobre 1822 ; 30 avril 1823; 16 juin, 17
août 1824; 12 janvier 1825, A. 40 et 44 ; L. 20
juin 1827, A. 4 ; O. 8 février 1829; Ch. 1830, A.
60 ; L. 11 avril 1831 , A. 26 , 27 ; 18 avril 1831 , A.

28, 29 ; O. 24 février, 11 septembre 1832 ; L. 17 avril 1833, A. 5 et 6 ; Règl. 31 mai 1838, A. 118, 119.)

Pensions *ecclésiastiques*. (L. 24 juillet 1790 ; 11 janvier, 29 septembre 1791 ; 2 frimaire an II ; Arr. 5 prairial an VI ; 3 prairial an VII ; 3 prairial an X ; 15 floréal an XI ; D. 27 juillet 1808 ; 13 décembre 1809, A. 12 ; O. 20 juin 1817 ; L. 4 juillet 1821 ; O. 15 décembre 1824 ; 4 janvier 1833.)

Pensions *civiles*. Ministère de la *justice*. (D. 2 octobre 1807 ; 6 juillet 1810 ; 30 janvier 1811, A. 27 ; O. 23 septembre 1814 ; 9 janvier 1815 ; 1er mai 1816 ; 22 février 1821 ; L. 16 juin 1824 ; O. 17 août, 24 novembre 1824 ; 24 février 1832 ; D. 2 mai 1848.) — Ministère des *finances*. (O. 12 janvier 1825.) — Ministère de l'*intérieur*. (D. 4 juillet 1806 ; O. 27 avril 1832.) — Ministère des *travaux publics*. (D. 7 fructidor an XII ; 4 juillet 1806 ; 10 novembre 1807 ; 18 novembre 1810 ; 25 janvier 1813 ; 30 avril 1832 ; 25 février 1833 ; 9 janvier, 10 juillet, 5 août 1840.) — Ministère du *commerce*. (D. 4 juillet 1806 ; O. 23 juillet, 3 novembre 1827 ; 27 mai 1832.) — Ministère de l'*instruction publique*. (L. 11 floréal an X ; Arr. 18 avril 1809 ; D. 18 octobre 1810 ; 15 mai 1818 ; O. 1er avril 1830 ; 13 avril 1839.) — Ministère de la *guerre*. (D. 22 janvier, 2 février 1808 ; O. 25 février 1816 ; 4 novemb. 1818 ; 26 juillet, 28 novemb. 1821 ; 26 mai, 20 déc. 1832. — Ministère de la *marine*.

(Av. 2 février 1808 ; O. 17 septembre 1823 ; L. 18 avril 1831 , A. 24 ; O. 8 juin 1834.) — Ministère des *affaires étrangères*. (Règl. 3 floréal an VIII ; L. 12 juillet 1836.) — *Départements* ou *communes*. (D. 4 juin 1809; Av. 17 novembre 1811 ; O. 27 mars 1816.)

Pensions *militaires*. Armée de terre. (O. 2 novembre 1828; L. 11 avril 1831; O. 2 juillet 1831 ; 24 février 1832; L. 19 mai 1834 ; O. 5 novembre 1840 ; 20 janvier 1841). — Armée de mer. (L. 18 avril 1831; O. 26 janvier, 11 septembre 1832; 18 janvier 1839; 30 avril et 13 mai 1791 ; 30 mai 1792 ; D. 15 germinal an III ; O. 24 janvier 1816 ; 22 janvier 1824; 12 mars 1826 ; 9 octobre 1837.)

Récompenses nationales. (L. 19 juin 1790; 30 août; 13 décembre 1830; 26 avril 1833 ; D. 26 février, 1er avril, 8 et 15 mai, 24 et 28 juin, 12 juillet 1848; L. 24, 26 mai, 10 août 1849 ; 13 juin 1850.)

6 AOUT 1790. — D. portant abolition du *Droit d'aubaine*. (V. L. 13 avril 1791 ; Const. 3 septembre 1791, titre 6; C. C. A. 11, 726 , 912 , abrogés par la loi du 14 juillet 1819.)

13 AOUT 1790. — D. portant abolition des *Apanages*. (V. L. 22 novembre, 21 décembre 1790; Const. 1791, titre 3, chap. 3, section 3, A. 8; L. 24 sept. 1792; S.-C. 28 floréal an XII; 30 janvier, 13 décembre 1810; Edit de mars 1661; Lettres-patentes 7 décembre 1766; O. 18, 20 mai, 17 septembre ,

7 octobre 1814 ; L. 8 novembre 1814, A. 23 ; 15 janvier 1825 ; O. 21 décembre 1825 ; 4 septembre 1830 ; L. 2 mars 1832 ; D. 26 février 1848.)

21 AOUT 1790. — *Code pénal* dans l'*Armée navale*. (V. D. 3 juillet, 15 septemb., 27 oct., 1790 ; 22 janvier, 20 septembre 1791 ; 11 septembre, 13 décembre 1792 ; 1er messidor an II ; 2 et 3 brumaire an IV ; 4 fructidor an VI ; 12 thermidor an VII ; 27 ventôse an VIII, A. 77 ; Arr. 18 ventôse, 5 germinal, 1er floréal an XII ; D. 22 juillet, 12 novembre 1806 ; 23 avril 1807 ; 4 mai 1812 ; O. 22 mai 1816 ; 2 janvier 1817 ; L. 10 avril 1825 ; 30 mars, 18 avril 1831 ; 20 avril 1832 ; 19 mai 1834.)

26 AOUT 1790. — D. sur l'administration des *Postes*. (V. D. 19 novembre 1790 ; L. 6 janvier, 10 et 24 avril, 10 juillet 1791 ; 23 et 24 juillet 1793 ; 27 nivôse an III ; 6 nivôse, 6 messidor, 4 et 5 thermidor an IV ; 5 nivôse an V ; 9 vendémiaire, 2 nivôse, 7 fructidor an VI ; 19 frimaire et 26 ventôse an VII ; 25, 27 frimaire, 14 nivôse an VIII ; 27 prairial an IX ; 19 germinal, 14 floréal an X ; 28 ventôse, 2 messidor, 14 fructidor an XII ; 15 ventôse, 30 floréal an XIII ; 6 juillet 1806 ; 2 juillet, 28 août 1808 ; 17 mai 1809, A. 156 ; 13 août 1810 ; O. 24 décembre 1814 ; L. 28 avril 1816 ; 25 mai 1817, A. 114 ; 17 juillet 1819, A. 4 ; O. 13 août 1817, 29 juillet 1818 ; 4 février 1820 ; L. 15 mars 1827, A. 9 ; 3 juin 1829 ; 31 janvier 1833 ; O. 21 juillet, 17 décembre 1844 ; D. 24 août 1848.)

22 SEPTEMBRE 1790. — D. sur l'organisation des *Tribunaux militaires*. (V. O. 25 juillet 1665 ; L. 15 septembre 1790 ; 28 août, 30 septembre 1791 ; 12, 17, 18 mai 1792 ; 28 mars, 12 mai, 16 août 1793 ; 29 floréal, 3 pluviôse an II ; D. 14 germinal, 18 prairial an II ; L. 25 brumaire, 2me complémentaire an III ; 4 nivôse, 4 brumaire, 1er vendémiaire, 17 germinal, 22 messidor, 18 et 27 fructidor an IV ; 13 et 21 brumaire, 4 et 19 fructidor, 4 ventôse an V ; 18 vendémiaire, 11 frimaire, 15 et 24 brumaire, 27 fructidor, 29 prairial an VI ; L. 27 ventôse an VIII ; Const. 22 frimaire an VIII, A. 85 ; Arr. 26 floréal an X ; L. 19 vendémiaire, 17 messidor an XII ; Av. 7 fructidor an XII ; D. 23 ventôse an XIII ; 8 vendémiaire, 17 frimaire an XIV ; D. 3 novemb. 1807 ; 16 juin 1808 ; 24 janvier, 2 février, 1er mai 1812 ; Inst. 24 janvier 1814 ; 21 février 1816 ; O. 15 juillet 1829 ; D. 3 mai 1848 ; Const. 1848, A. 88.)

23 SEPTEMBRE 1790. — D. sur l'avancement aux *Grades militaires*. (V. L. 10 mars 1818 ; O. 2 août 1818 ; L. 21 mars 1832 ; O. 28 avril 1832 ; L. 14 avril 1832 ; L. et O. 19 mai 1834.)

18 OCTOBRE 1790. — D. sur la procédure en *Justice de paix*. (V. C. Pr. A. 1 et suivants ; L. 25 mai 1838 ; O. 8 octobre 1842 ; L. 21 juin 1845 ; O. 6 décembre 1845.)

2 NOVEMBRE 1790. — D. réglant le mode de *Promulgation des lois*. (V. O. 1667, Titre 1, A. 4 ; D. 9 no-

vembre 1789 ; 13 juin 1791 ; L. 14 frimaire an II ; 12 prairial, 12 vendémiaire an IV ; 24 brumaire an VII ; C. C. A. 1 ; O. 27 novembre 1816 ; 18 janvier 1817 ; Const. 1848, A. 56 et suivants.)

20 ET 23 NOVEMBRE 1790. D. concernant la *Contribution foncière*. (V. L. 6 et 7 septembre 1790 ; 3 frimaire, 3 nivôse, 2 et 4 messidor an VII ; 24 floréal, 16 thermidor, 3 frimaire, 28 pluviôse an VIII ; L. 19 et 21 ventôse an IX ; 5 floréal an XI ; L. 12 novembre 1808 ; Av. 21 janvier 1809 ; S.-C. 30 janvier 1810 ; D. 15 octobre 1810 ; 11 janvier 1811.)

27 NOVEMBRE 1790. — D. sur l'organisation du *Tribunal de cassation*. (V. O. juillet et août 1737 ; Règl. 28 juin 1738 ; Arr. du conseil 4 avril 1742 ; 19 août 1769 ; 18 décembre 1775 ; L. 12 août, 5 décembre 1790 ; 28 janvier, 11 février, 13 mai, 7, 14, 27 avril, 8 juin, 16, 21, 29 septembre, 29 octobre 1791 ; Const. 3 septembre 1791, Chap. 5, A. 19 et suivants ; 7 et 10 avril, 28 juin, 19 août 1792 ; Const. 24 juin 1793, A. 98 et suivants ; L. 11 février, 15 mai, 8 et 16 juillet, 2, 19, 22 août, 29 septembre, 21 novembre 1793 ; 1er brumaire, 4 germinal, 27 ventôse, 1er frimaire, 9 messidor an II ; Const. 5 fructidor an III, A. 254 et suivants ; L. 4 germinal, 24 vendémiaire, 14 thermidor an III ; 2 et 4 brumaire, 5 vendémiaire, 12 prairial, 24 messidor, 21 fructidor an IV ; 6 et 14 brumaire, 28 vendémiaire, 7 nivôse, 2 prairial an V ; L. 12 vendémiaire, 29 fructidor an VI ; Const. 22 fri-

maire an 8 , A. 65 et suivants ; L. 27 ventôse an 8,
A. 58 et suivants ; Règl. 12 floréal an VIII ; L. 4
prairial an VIII ; Arr. 5 fructidor an VIII ; 13 et 23
frimaire an IX ; S.-C. 16 thermidor an X , A. 79 et
suivants ; Arr. 5 ventôse an X ; 20 vendémiaire, 21
pluviôse, 19 ventôse an XI ; S.-C. 28 floréal an XII,
A. 52 , 135 , 136 ; D. 24, 27 messidor an XII ; L.
29 avril 1806 ; D. 25 juin 1806 ; 16 septembre 1807 ;
C. Inst. Crim. A. 407 et suiv. , 525, 542 ; D. 19 mars
1810 ; 28 janv. 1811 ; 1er mars 1813 ; Ch. A. 59 ; O. 15
février, 24 août, 15 octobre 1815 ; L. 28 avril 1816,
A. 44 et suivants, 88 , 91 , 96 ; O. 13 novembre
1816 ; 10 septembre 1817 ; Règl. 1er novembre 1820 ;
14 décembre 1825 ; 15 janvier 1826 ; L. 30 juillet
1828 ; O. 31 août 1828, A. 178 et suivants ; 31 décembre 1830 ; 24 avril 1832 ; L. 9 septembre 1835 ,
1er avril 1837 ; O. 7 novembre 1837 ; Const. 1848 ,
A. 85 , 87.) (V. Tarbé, Cour de cassation.)

5 DÉCEMBRE 1790. — D. sur l'*enregistrement des actes*.
(V. Déclaration 29 septembre 1722 ; L. 18 mai, 10
juin, 29 septembre 1791 ; 21 mars , 24 juillet 1793 ;
14 thermidor, 9 pluviôse an IV ; 9 vendémiaire , 21
germinal an VI ; Arr. 5 frimaire ; L. 22 frimaire, 22
pluviôse, 6 prairial an VII ; 27 ventôse an IX ; Arr.
4me jour complémentaire an IX ; D. 12 août 1807 ;
Av. 19 septembre, 23 octobre 1808 ; 5 août, 7 octobre 1808 ; L. 15 novembre 1808 ; Av. 22 décembre
1809 ; 9 février, 2, 17 décembre 1810 ; L. 28 avril
1816 ; 25 mars 1817 ; 15 mai 1818 ; 16 juin 1824 ; 8

septembre 1830 ; 18 avril 1831 ; 21 avril 1832 ; 24 mai 1834 ; 18 juillet 1836 ; L. 3 mai 1841, A. 8 ; 25 juin 1841 , A. 6 et suivants ; O. 19 octobre 1841 ; 17 décembre 1844, A. 32 ; L. 19 juillet 1845 ; L. 3 juillet 1846 , A. 8 ; O. 30 décembre 1846 ; D. 23, 27 mars, 14 avril 1848.)

12 DÉCEMBRE 1790. — D. sur le *timbre*. (V. L. 10 juin 1791 ; 11 nivôse, 14 thermidor an IV ; 5 floréal an V ; 9 vendémiaire an VI , titre 3 ; 13 brumaire , 6 prairial an VII ; Arr. 30 frimaire an XII ; D. 17 avril 1806 ; Av. 1er avril 1808 ; D. 17 juillet 1808 ; 3 janvier 1809 ; 9 décembre 1810 ; 15 juin 1812 ; L. 28 avril 1816 , A. 62 et suivants ; O. 22 mai 1816 ; L. 25 mars 1817, A. 76 , 77 ; 15 mai 1818 , A. 76, 83 ; 1er mai 1822 ; 16 juin 1824 ; 14 décembre 1830 , A. 2 ; 21 avril 1832, A. 28 et suivants ; 24 mai 1834 ; 20 juillet 1837, A. 4 ; 30 juin 1840, A. 9 ; 16 juillet 1840 ; L. et O. 11 juin 1842, A. 6 ; 3 juillet 1846 ; 8 février 1849 ; 7 mars, 16 juillet 1850.)

18 DÉCEMBRE 1790. — D. relatif au rachat des *rentes foncières*. (V. L. 4 août 1789 ; 19 et 23 juillet , 15 septembre, 23 décembre 1791 ; 20 août 1792 ; 8 août 1793 ; C. C. A. 530.)

26 DÉCEMBRE 1790. — D. relatif au desséchement des *marais*. (V. D. 1er mai 1790 ; L. 16 septembre 1807 ; D. 15 février et 30 septembre 1811 ; L. 8 mars 1810 ; 7 juillet 1833 ; 3 mai 1841.)

31 DÉCEMBRE 1790. — D. relatif aux auteurs de *découvertes utiles*. (V. L. 14 mai , 9 septembre 1791 ; 20

septembre 1792; Arr. 17 vendémiaire an VII; 5
vendémiaire an IX; D. 25 novembre 1806 ; 25 janvier 1807 ; 13 août 1810 ; Instr. 1er juillet 1817 ; L.
17 juillet 1819; 25 mai 1838, A. 20; 5 juillet 1844.)

31 DÉCEMBRE 1790. — D. sur l'organisation des *ponts
et chaussées*. (V. Instr. 17 avril 1791; L. 6 août 1791;
19 juin 1792 ; 30 vendémiaire an IV ; Arr. 17 ventôse, 7 floréal an VIII; D. 7 fructidor an XII ; 13
fructidor an XIII ; 27 octobre 1808 ; 20 février , 4
août 1811 ; 31 janvier 1813 ; O. 17 juillet 1815 ; 19
mai 1830 ; 8 juin 1832 ; 23 mars 1842.)

6 JANVIER 1791. — D. sur les *messageries* et *voitures
publiques*. (V. L. 26 août 1790 ; 10 avril 1791 ; 23
juillet 1793; 25 vendémiaire an III; 9 vendémiaire,
3 nivôse an VI ; 27 prairial an IX ; 29 floréal an X;
5 ventôse an XII , A. 74, 75 ; 7 ventôse an XII ; D.
14 fructidor an XII; L. 15 ventôse an XIII ; D. 30
floréal an XIII; 10 brumaire an XIV ; 23 juin , 6
juillet 1806 ; 28 août 1808 ; 13, 18 août 1810 ; O. 24
décembre 1814 ; 23 décembre 1816 ; L. 25 mars
1817 , A. 112 et suivants ; O. 13 août 1817 ; Règl.
21 novembre 1817 ; L. 17 juillet 1819, A. 20 ; O. 4
février, 22 novembre 1820 ; 20 juin 1821 ; 15 mai ,
11 septembre 1822 ; 21 mai, 9 juillet 1823 ; 27 septembre 1827 ; 16 juillet 1828; L. 28 juin 1829 ; 28
juin 1833, A. 8 ; O. 23 avril 1834 ; 15 février 1837;
L. 20 juillet 1837, A. 11 ; O. 24 octobre, 21 décembre 1838 ; 3 février 1840 ; 5 octobre 1843 ; 2 octobre
1844 ; 29 octobre 1845 ; D. 1er octobre 1849.)

2*

13 JANVIER 1791. — D. relatif aux *spectacles*. (V. D. 9 juin, 16 août 1790, Tit. 11, A. 3 et 4; 19 juillet 1791; 12 et 16 janvier, 19 juillet, 1er septembre 1793 ; 27 vendémiaire, 25 prairial an III ; Arr. 25 pluviôse an IV ; L. 7 frimaire , 2 floréal , 8 thermidor an V ; 2 frimaire an VI ; Arr. 1er germinal an VII ; 12 messidor an VIII, A. 12 ; 3 brumaire an IX ; 20 nivôse, 10 thermidor an XI ; 30 thermidor an XII ; 1er germinal, 8 fructidor an XIII; D. 17 frimaire an XIV; 8 juin 1806 ; Arr. 25 avril; D. 29 juillet; Av. 12 août 1807 ; C. P. A. 428, 429; D. 9 décembre 1809 ; 5 février 1810 ; 13 août; Av. 23 août 1811 ; 15 octobre 1812 ; Règl. 30 août 1814 ; L. 21 octobre; O. 24 octobre 1814 ; 8 décembre 1824 ; 25 janvier, 15 mai, 24 août 1831 ; L. 9 septembre 1835 , A. 21 et suivants ; 16 juillet 1840, A. 9 ; D. 6 mars 1848; Const. 1848, A. 8 ; L. 30 juillet 1850.)

13 JANVIER 1791. — D. sur la *contribution mobilière*. (V. D. 7 septembre 1790 ; 30 mars, 26 septembre 1791 ; 26 août 1792 ; 7 thermidor an III ; Arr. 27 frimaire an IV ; L. 3 nivôse, 3 frimaire, 2 messidor an VII ; 28 pluviôse an VIII ; Arr. 3 frimaire , 24 floréal, 16 thermidor an VIII; L. 21 ventôse an IX ; 13 floréal an X ; 24 avril 1806, A. 73 ; D. 12 novembre 1808 ; L. 15 mai 1818 ; 26 mars 1831 ; 21 avril 1832, Titre 2 ; 14 juillet 1838, A. 2 ; 4 août 1844.)

16 JANVIER 1791. — D. sur l'organisation de la *gendarmerie*. (V. D. 22 juin, 26 juillet 1791 ; 1er février , 14 avril 1792 ; 25 pluviôse , 3 ventôse, 7 ger-

minal an V ; L. 28 germinal an VI ; 27 nivôse, 23 fructidor an VII ; Arr. 12 thermidor an IX ; D. 11 juin , 4 août 1806 ; O. 10 septembre 1815 ; 2 août 1818, Titre 15; C. Inst. Crim. A. 9 ; O. 5 avril , 29 octobre 1820 ; 12 août 1831 ; L. 24 juin 1836; 4 juillet 1837; O. 16 mars 1838; 13 février 1839 ; 20 et 29 janvier, 30 avril 1841 ; L. 10 avril 1843; O. 3 octobre 1846.)

29 JANVIER 1791. — D. sur l'établissement des *avoués*. (V. D. 6 mars 1791, A. 27 , 34 ; L. 3 brumaire an II; 27 ventôse an VIII, A. 12, 93; Arr. 18 fructidor an VIII ; 13 frimaire an IX ; L. 29 pluviôse an IX ; Arr. 2 thermidor an X ; 2 nivôse an XI, A. 6 ; L. 22 ventôse an XII, A. 26 et suivants; D. 17 juillet 1806; 16 février, 31 mai 1807 ; 30 mars 1808, A. 33 , 49 , 55 , 59 , 70 et suivants, 83, 102, 105; 6 juillet , A. 112; 19 juillet, 18 août, 14 décembre 1810, A. 18; 18 juin 1811, A. 13 et suivants; 2 juillet 1812 ; O. 23 décembre 1814 ; L. 28 avril 1816, A. 88, 91 ; O. 27 février, 20 novembre 1822, A. 12 ; 12 août 1832; L. 25 juin 1841, A. 6 et suivants; C. P. C.)

2 MARS 1791. — L. sur l'établissement des *patentes*. (V. L. 20 avril , 20 septembre 1791 ; 3 septembre 1792 ; 21 , 23 mars 1793; 4 thermidor an III ; 6 fruct. an IV; 9 frim., 9 pluv. an V; 7 brum. an VI; 1er brum., 11 frim. an VII, A. 9; 9 brum. an VIII; Arr. 24 floréal, 15 fructidor an VIII ; 26 brumaire , 13 floréal an X, Titre III; 2 ventôse an XIII; D. 25 octobre 1806; Av. 28 février 1809; O. 23 décembre

1814; L. 25 mars 1817 , A. 56 et suivants; 15 mai 1818 , A. 52 et suivants ; 17 juillet 1819, A. 20 ; 23 juillet 1820 , A. 12 et 14; 26 mars 1831, A. 26 ; 20 juillet 1837 , A. 4; 10 août 1839 , A. 3 ; 25 avril 1844; 15 mai 1850, Titre 6.)

9 MARS 1791. — D. relatif au *recrutement* de l'armée. (V. suprà. D. 28 février 1790.)

4 AVRIL 1791. — D. relatif aux *honneurs* à décerner aux *grands hommes*. (V. D. 8 et 30 mai 1791; 2 et 4 octobre 1793 ; 5 frimaire, 21 messidor, 29 fructidor an II ; 20 pluviôse an III ; O. 26 août 1830.)

8 AVRIL 1791. — D. sur le partage des *successions ab intestat*. (V. D. 15 mars 1790, A. 11, Titre 1er; 8 octobre 1790, A. 31 ; 5 septembre 1791 ; 14 novembre 1792 ; 4 janvier, 7 mars, 4 juin 1793 ; 18 vendémiaire, 5 et 12 brumaire, 17 nivôse, 22 et 23 ventôse, 9 fructidor, 1er jour complémentaire an II ; 5 floréal, 9 fructidor an III ; 3 vendémiaire, 20 prairial, 15 thermidor an IV; 18 pluviôse , 12 ventôse an V ; 2 ventôse, 12 thermidor an VI ; 4 germinal an VIII ; 14 floréal an XI; 31 octobre 1810 ; 4 juillet 1811, A. 155; Av. 24 janvier 1812; C. C. 896 et suivants.)

9 AVRIL 1791. — D. sur les empreintes des *monnaies*. (V. D. 21 mai 1790 ; 5 février , 26 avril 1793 ; 16 vendémiaire an II ; 28 thermidor an III; 22 et 28 vendémiaire, 8 frimaire an IV ; 10 prairial, 10 thermidor an XI; 22 octobre 1808; O. 9 décembre 1815; 1er mai 1825 ; 17 août 1830 ; D. 3 mai 1848.)

14 AVRIL 1791. — D. sur l'exercice de la *pharmacie*. (V. L. 21 germinal an XI.)

21 AVRIL 1791. — D. sur les *agents de change et courtiers*. (V. Règl. 30 août 1720 ; Arr. 24 septembre 1724 ; 26 novembre 1781 ; Règl. 5 septembre 1784 ; L. 2 mars 1791 ; 27 juillet 1792 ; 6 floréal , 13 fructidor an III ; 20 et 28 vendémiaire , 15 pluviôse, 2 ventôse an IV ; 28 floréal an VII ; 28 ventôse , 29 germinal an IX ; Arr. 27 prairial an X ; C. Commerce A. 71 et suivants ; D. 3 messidor an XII ; L. 25 nivôse , 6 ventôse an XIII ; D. 24 mars 1806 ; Av. 17 mai 1809 ; D. 25 septembre 1813 ; L. 28 avril 1816 , A. 90 et suivants ; O. 1er et 29 mai , 3 juillet 1816 ; 9 janvier 1818 ; 14 avril 1819 ; 30 janvier 1822 ; 12 novembre 1823 ; 6 avril 1834 , A. 2 ; L. 22 pluviôse an VII ; 27 ventôse an IX ; D. 22 novembre 1811 ; 17 avril 1812 ; 22 janvier, 15 décembre 1813 ; O. 18 décembre 1816 ; 30 juillet 1817 ; 1er juillet 1818 ; 9 avril 1819; L. 16 juin 1824, A. 11 ; O. 6 avril 1834 ; 18 juin 1838 ; L. 25 juin 1841 ; O. 29 avril 1847 ; C. Commerce A. 77 et suivants.)

23 AVRIL 1791. — D. sur l'organisation de la régie des *douanes*.

27 AVRIL 1791. — D. sur l'organisation du *Ministère*. (V. Const. 3 septembre 1791 , Chapitre 2 , Section 4 ; D. 12 germinal an II ; Const. 5 fructidor an III , A. 148 ; L. 10 vendémiaire an IV ; Const. 22 frimaire an VIII , A. 54 ; L. 1er nivôse an IX ; O. 9

juillet 1815 ; Ch. Const. A. 13 ; Ch. 1830, A. 12 et
47 ; O. 26 août 1824 ; 10 février 1828 ; 11 octobre
1832 ; 6 avril 1834 ; 15 avril 1837 ; 24 décembre
1844 ; Const. 1848, A. 64, 66 et suivants ; D. 4 juillet 1848.)

29 AVRIL 1791. — D. sur l'organisation de la *marine*.
(V. O. août 1681 ; D. 3 juillet, 7 et 15 septembre,
31 décembre 1790 ; 1er et 12 mai, 22 juin, 30 juillet, 9 août, 20 et 21 septembre, 5 et 29 décembre
1791 ; 6 et 28 février, 1er, 29, 31 mai, 19 juillet,
16 et 17 septembre 1792 ; 25 janvier, 6 février, 18
mars, 9 juin, 21 et 27 septembre 1793 ; 19 et 28
nivôse, 14, 16 et 27 pluviôse an II ; 18 prairial an
III ; L. 3 brumaire, 24 fructidor an IV ; 25 floréal
an V ; 19 pluviôse an VI ; 7 floréal, 7 et 29 thermidor, 7 fructidor an VIII ; 3, 6 et 9 vendémiaire,
23 germinal, 17 floréal an IX ; 13 et 22 prairial
an X ; 21 ventôse, 29 germinal, 15 floréal, 7 prairial an XII ; 6 frimaire an XIII ; D. 3 août 1808 ;
24 juillet 1810 ; O. 10, 18 et 25 mai, 6 juin, 1er
juillet 1814 ; 21 mars, 10 août, 29 novembre, 16
décembre 1815 ; 31 janvier 1816 ; 22 octobre 1817 ;
31 octobre 1819 ; 25 octobre 1822 ; 28 janvier, 23
juin 1824 ; 19 octobre 1825 ; 5 août, 25 octobre,
27 décembre 1826 ; 31 octobre, 18 novembre,
1827 ; 14, 17, 21 décembre 1828 ; 8 février 1829 ;
13 août, 27 novembre, 13 décembre 1830 ; 19
février, 1er mars, 14 mai, 11 juin, 1er juillet, 3
octobre 1831 ; L. 14 et 20 avril 1832 ; O. 24

avril , 18 septembre 1832 ; 15 mai , 31 juillet 1834 ;
14 septembre 1835 ; 11 octobre , 29 et 30 décembre
1836 ; 31 janvier, 1er février , 29 avril 1837 ; L.
14 mai 1837 ; O. 2 mars , 15 août , 20 novembre
31 décembre 1838 ; 26 septembre 1839 ; 14 , 31
août , 19 septembre 1840 ; L. 17 juin ; O. 3 mars,
21 juin , 10 août , 24 septembre 1841 ; 19 novembre , 25 décembre 1842 ; 3 janvier 1843 ; 22
juin 1847 ; D. 28 février , 12 mars 1848 ; L. 24
novembre 1848.)

30 AVRIL 1791. — D. relatif à la caisse des *invalides de
la marine.* (V. D. 30 mai 1792 ; Arr. 27 nivôse an
IX ; O. 12 décembre 1814 ; D. 13 mars 1815 ; O.
23 septembre 1815 ; 10 janvier , 22 mai 1816 ; L.
25 mars 1817 , A. 138 ; O. 20 juin et 27 août 1817;
19 mars 1819 ; 31 décembre 1833 ; 12 novembre
1835 ; 31 mai 1838 ; 10 mai et 10 août 1841 ; L.
11 juin 1842 , A. 3.)

9 MAI 1791. — D. relatif à la *régie de l'enregistrement
et du timbre.* (V. D. 8 février , 18 mai , 19 août
1791 ; 14 août 1793 ; 21 messidor an II ; 2 messidor an III ; 30 ventôse , 16 thermidor , 4 brumaire an IV ; 16 nivôse, 21 et 26 germinal , 2 floréal an V ; 18 germinal an VII ; 7 et 13 ventôse ,
1er floréal an VIII ; 11 pluviôse , 3 messidor , 3e
et 4e jours complémentaires an IX; 27 vendémiaire,
9 pluviôse , 19 ventôse , 6 messidor an X ; 19
prairial an XI ; 28 floréal , 4 messidor an XIII ;

Av. 1er juin 1807 ; 20 juillet 1808 ; O. 3 janvier 1821 ; 12 janvier 1831.)

10 MAI 1791. — D. relatif à la formation de la *haute cour nationale*. (V. D. 25 septembre 1792 ; L. 20 thermidor an IV ; S.-C. 28 floréal an XII , A. 101 ; Ch. A. 33 ; Const. 1848 , A. 91.)

21 MAI 1791. — D. sur l'organisation et *vérification des monnaies*. (V. D. 3 avril , 30 août 1791 ; 26 pluviôse an II ; 22 et 28 vendémiaire , 8 frimaire an IV ; 7 germinal , 10 floréal , 10 prairial , 10 thermidor an XI ; O. 26 décembre 1827 ; 15 octobre 1828 ; L. 14 juin 1829 ; O. 28 mars , 6 juin 1830 ; L. 30 mars 1834 ; O. 25 février , 30 juin 1835 ; L. 4 juillet 1837 ; O. 16 novembre 1837.)

26 MAI 1791. — D. relatif à la *liste civile*. (V. proclamation 9 juin 1790; Const. 3 septembre 1791, Chapitre 2 , Section 1re , A. 10 ; S.-C. 28 floréal an XII , A. 15 ; D. 30 janvier 1810 ; 1er mai 1812 ; Ch. 1814 , A. 23 ; L. 8 novembre 1814 ; 15 janvier 1825 ; Ch. 1830 , A. 19 ; L. 2 mars 1832 ; D. 26 février , 1er , 5 , 9 , 12 et 27 mars , 27 avril 1848 ; L. 4 février 1850.)

9 JUIN 1791. — D. relatif aux *brefs et bulles* de la cour de Rome. (V. L. 18 germinal an X , A. 1 ; D. 28 février 1810.)

13 JUIN 1791. — D. sur l'organisation du *corps législatif*. (V. D. 16 et 28 mai 1791 ; L. 5 et 19 nivôse an VIII ; S.-C. 12 fructidor an X , 19 août 1807 ; Const. successives ; Règl. 29 juillet 1789 ; 18 oc-

tobre 1791 ; 28 septembre 1792 ; 27 nivôse an VIII ; 25 juin , 2 juillet , 13 août 1814 ; 11 mai 1848 ; 6 juillet 1849 .)

15 JUIN 1791. — D. relatif au mémoire ou instruction sur les *colonies*. (V. D. 8 et 28 mars 1790 ; 29 mai et 20 juin 1791 ; 27 juillet 1793 ; 16 pluviôse , 22 germinal an II ; 12 et 26 nivôse an VI ; Const. 22 frimaire an VIII , A. 91 ; Arr. 29 germinal an IX ; L. 30 floréal , 6 et 29 prairial , 11 messidor an X; 12 vendémiaire , 14 ventôse , 28 germinal an XI ; Ch. 1814 , A. 73 ; O. 2 décembre 1814 ; Traité 30 mai 1814 et 20 novembre 1815 ; D. 29 mars 1815 ; O. 8 janv. 1818; L. 15 avril 1818; O. 7 janv. 1822; 21 août 1825 ; 9 février 1827 ; L. 25 avril 1827 ; O. 27 août 1828 ; Ch. 1830 , A. 64 ; L. 24 avril 1833; O. 30 avril 1833; L. 25 juin 1841; O. 10 et 28 juillet, 10 août, 16 septembre , 22 novembre 1841; 9 janvier , 7 février 1842 ; 28 avril , 30 septembre 1843; 27 mars , 18 septembre 1844 ; L. 29 avril , 18 juillet 1845 ; O. 16 juillet , 23 et 26 octobre , 7 et 18 novembre , 17 décembre 1845 ; 20 janvier , 3 février , 13 et 30 avril , 18 mai , 4 et 5 juin , 6 juillet , 23 août , 26 septembre , 18 octobre , 2 décembre 1846 ; 20 janvier et 13 avril , 22 juillet 1847 ; L. 9 août 1847 ; O. 25 et 26 août , 12 octobre, 14 novembre et 4 décembre 1847; D. 4 mars, 27 avril , 2 et 3 mai , 21 octobre 1848 ; L. 19 janvier 1849 ; 11 juillet 1850 ; D. 18 décembre 1850.)

8 JUILLET 1791. — D. sur les *places de guerre* et la police des *fortifications*. (V. Arr. 16 messidor an VII, 26 germinal , 3 fructidor an VIII ; 9 ventôse an X; D. 29 mars 1806; 24 décembre 1811 ; 1er mai 1812; O. 24 décembre 1817 ; L. 17 juillet 1819 ; O. 1er août 1821 ; 31 mai 1829 ; 6 décembre 1842 ; L. 3 avril 1841 ; 20 juin 1845.)

12 JUILLET 1791. — L. relative aux *mines*. (V. Arr. 3 nivôse an VI ; L. 3 frimaire an VII , A. 81 ; 13 pluviôse an IX ; Instr. 18 messidor an IX ; 19 germinal an X ; L. 21 avril 1810 ; D. 18 novembre 1810 ; 5 avril , 6 mai 1811 ; 3 janvier 1813 ; O. 17 juillet 1815 ; 2 août , 5 décembre 1816 ; 19 novembre 1828 ; 7 mars 1831 ; 27 avril 1832 ; L. 23 avril 1833, A. 5 ; O. 22 décembre 1836 ; L. 27 avril 1838 ; O. 23 mai 1841 ; 26 mars 1843.)

19 JUILLET 1791. — D. sur l'organisation de la *police municipale et correctionnelle*. (V. L. 16 août 1790 , Titre XI ; D. 11 juillet, 21 septembre 1791 ; C. 3 brumaire an IV, Livre II, Titre I et II ; L. 7 pluviôse an IX ; Av. 18 février 1806 ; L. 29 avril 1806 ; Inst. Crim. , A. 137 et suivants ; C. P. ; D. 18 juin 1811 ; 7 avril 1813 ; O. 28 novembre 1838.)

28 JUILLET 1791. — D. sur l'organisation des *gardes nationales*. (V. D. 4 août , 29 septembre 1791 ; 28 prairial , 15 messidor an III ; Arr. 26 nivôse an VI ; S.-C. 2 vendémiaire an XIV ; D. 8 vendémiaire an XIV ; 12 novembre 1806 ; S.-C. 13 mars

1812 ; D. 3 et 5 avril , 11 novembre 1813 ; O. 16 juillet 1814 ; 21 mars , 10 avril , 27 décembre 1815 ; 17 juillet 1816 ; 30 septembre 1818 ; 30 janvier 1825 ; 29 et 31 juillet , 6 , 16 et 23 août 1830 ; L. 22 mars 1831 ; O. 20 et 31 juillet , 29 septembre 1831 ; L. 19 avril 1832 ; O. 21 novembre 1832 ; 24 octobre 1833 ; L. 14 juillet 1837 ; O. 18 janvier , 27 et 28 mars 1838 ; 26 juillet 1840 ; 4 mars 1841 ; O. 16 mars , 6 décembre 1846 ; L. 30 avril 1846 ; D. 8 mars 1848 ; L. 7 juillet 1849.)

1er AOUT 1791. — D. relatif aux *émigrés*. — (V. L. 9 juillet, 14 septembre , 9 et 29 novembre 1791 ; 9 février , 30 mars , 24 et 27 juillet , 14 , 15 , 23 , 25 , 27 août , 2 , 9 , 12 , 13 septembre , 9 , 23 , 24 , 30 octobre , 8 , 10 , 25 , 26 novembre , 4 décembre 1792 ; 2 et 26 janvier , 1er , 14 , 25 février , 2 , 7 , 11 , 18 , 23 , 28 *mars* , 8 , 24 , 26 avril , 9 et 14 mai, 3 , 13 , 23 juin , 25 juillet, 13 , 16 , 17 septembre 1793 ; 29 vendémiaire , 27 brumaire , 2 , 17 , 30 frimaire , 26 nivôse , 6 et 8 pluviôse , 4 et 9 ventôse , 4 et 23 germinal , 13 et 23 floréal , 21 et 28 messidor , 6 thermidor , 4 et 18 fructidor an II ; 5 et 25 *brumaire ,* 12 frimaire, 1er et 23 nivôse , 15 pluviôse , 1er , 9 , 26 *floréal,* 18 et 20 prairial , 11 messidor , 22 thermidor , 1er 19, 20, 28 et 29 fructidor, 4me, 5me et 6me complémentaires an III ; 20 et 23 vendémiaire , 8 et 27 frimaire, 7 , 28 , 30 pluviôse , 5 et 17 ventôse , 4 floréal , 13 et 17 prairial , 4 fructidor an IV ;

1er ventôse , 19 fructidor an V ; 20 vendémiaire ,
8 brumaire , 17 frimaire, 6 germinal , 17 et 18
messidor an VI ; 19 brumaire , 8 messidor , 16
thermidor an VII ; 18 frimaire , 12 *ventôse* , 9
thermidor an VIII ; 28 vendémiaire an IX ; Av.
5 germinal , 9 et 25 thermidor an X ; *S.-C.* 6
floréal an X ; Av. 18 prairial an XII ; D. 6 avril
1809 ; 24 avril, 9 décembre 1810 ; 26 août 1811;
O. 21 août 1814 ; *L. 5 décembre* 1814 ; D. 13 et 26
mars , 9 mai 1815 ; L. 16 janvier, 28 avril 1816,
A. 116 ; O. 11 juin 1816; L. 12 avril 1818 ; O.
12 août 1818; L. 12 mars 1820, A. 7; 27 *avril* 1825;
O. 1er et 8 mai 1825; 23 décembre 1827; 6 mars, 26 novembre 1828 ; 8 mars , 12 avril 1829 ; 8 décembre
1830 ; L. 5 janvier 1831 ; 21 avril 1832 , A. 16 ;
14 juin 1835 , A. 11.)

6 AOUT 1791. — D. sur les *douanes.* (V. L. 30 octobre
1790 ; 2 mars , 23 avril , 9 et 27 mai , 20 et 22
juin , 7 , 8 , 28 juillet, 23 et 30 septembre 1791;
28 juillet 1792 ; 4 germinal an II ; 14 fructidor an
III ; 4 floréal , 17 thermidor an IV ; 10 brumaire,
3 frimaire , 24 nivôse , 26 ventôse , 23 et 26 germinal, 2 floréal an V ; Arr. 5 prairial, 9 fructidor
an V; L. 19 vendémiaire , 29 frimaire, 8 et 12
nivôse, Arr. 9 ventôse, 25 messidor an VI; 1er brumaire an VII ; L. 9 floréal, 6 , 11 , 17 prairial
an VII ; Arr. 25 pluviôse , 7 et 25 ventôse , 28
germinal an VIII; 14 et 29 fructidor an IX; Arr. 7
frimaire, 2, 9, 11, 22 thermidor, 7 et 14 fruc-

tidor an X ; L. 29 floréal an X ; Arr. 5 , 16 , 27
frimaire an XI ; L. 21 ventôse , 8 floréal an XI ;
Arr. 11 pluviôse , 29 thermidor an XI ; L. 22 ventôse an XII ; Arr. 28 ventôse an XII ; Av. 25
thermidor , 7 fructidor an XII ; L. 1er et 17 pluviôse an XIII ; D. 30 ventôse an XIII ; 4 mars ,
30 avril 1806 ; 7 septembre 1807 ; 20 septembre
1809 ; 12 janvier , 18 octobre 1810 ; O. 23 et 26
avril , 17 mai , 13 , 27 juin , 13 octobre 1814 ;
L. 25 novembre, 17 décembre 1814 ; O. 10 février,
18 novembre 1815 ; D. 25 mars , 27 avril 1815 ;
O. 8 février 1816 ; L. 28 avril 1816 ; O. 5 novembre 1816 ; L. 27 mars 1817 ; O. 27 août , 17 novembre 1817 ; 9 janvier 1818 ; L. 21 avril 1818 ;
O. 10 mars , 11 août, 8 et 29 septembre , 10 novembre 1819 ; L. 7 juin 1820 ; O. 2 et 30 août ,
4 et 23 octobre , 29 novembre 1820 ; 22 février ,
31 octobre 1821 ; 30 janvier , 23 avril 1822 ; L.
27 juillet 1822 ; O. 28 juillet et 26 septembre 1822;
14 et 28 mai 1823 ; 16 août , 20 décembre 1824 ;
13 juillet 1825 ; 11 janvier , 26 juillet 1826 ; L. 17
mai 1826 ; O. 29 mars 1827; 8 avril , 10 octobre,
31 décembre 1829 ; O. 5 janvier 1831; L. 18 avril
1831 ; O. 13 et 31 mai 1831 ; 11 mai , 16 juin , 9
septembre 1832; O. 3 mars 1833; L. 26 avril 1833;
O. 29 juin , 26 août, 15 octobre 1833 ; 2 juin , 8
juillet 1834 ; 5 janvier , 30 juin , 10 octobre 1835;
L. 2 et 5 juillet , O. 8 août, 4 décembre 1836; 25
juillet 1837 ; 23 juillet, 8 octobre 1838 ; 13 fé-

vrier 1839 ; L. 10 août 1839 ; O. 18 et 23 juillet, 24 septembre 1840 ; L. 6 mai 1841 ; O. 26 juin, 15 juillet, 13 décembre 1842 ; 24 juillet, 2 décembre 1843 ; L. 4 août 1844; O. 5 août, 3 septembre, 4 et 17 décembre 1844 ; 17 janvier 1845 ; L. 9 juin 1845 ; O. 10 juin, 24 décembre 1845 ; L. 22 juin 1846 ; O. 18 octobre, 21 novembre 1846 ; 5 février 1848 ; Arr. 6 juin 1848 ; 31 mars, 27 juin 1849 ; L. 6 mai 1850.)

16 AOUT 1791. — D. sur l'organisation de la *trésorerie nationale*. (V. D. 27 mars, 27 août 1791; 4 janvier 1793; 7 frimaire an VII ; 1ᵉʳ pluviôse an VIII.)

17 AOUT 1791. — D. fixant le prix du *transport des lettres par la poste*. (V. suprà D. 26 août 1790.)

21 AOUT 1791. — D. relatif aux *décharges et réductions* sur la *contribution foncière*. (V. suprà D. 20 novembre 1790 et 26 septembre 1791.)

3 SEPTEMBRE 1791. — *Constitution française*. (V. Const. 24 juin 1793 ; 19 vendémiaire et 14 frimaire an II; 5 fructidor an III ; 22 frimaire an VIII ; S.-C. organique 14 et 16 thermidor an X ; 28 floréal an XII ; Const. 6 avril 1814 ; Déclaration du 2 mai 1814 ; Ch. Const. 4 juin 1814 ; Acte additionnel aux constitutions de l'Empire 22 avril 1815 ; Abdications 11 avril 1814 et 22 juin 1815 ; Proclamations 25 et 28 juin 1815 ; Ch. 1830 ; Const. 1848.)

12 SEPTEMBRE 1791. — L. sur la *régence* et la résidence des fonctionnaires (V. L. 30 août 1842).

15 SEPTEMBRE 1791. — D. sur l'*administration forestière*.

(V. D. 19 et 27 décembre 1790 ; 14 janvier 1792 ;
Arr. 28 vendémiaire et 19 pluviôse an V ; L. 16
nivôse an IX ; Arr. 6 pluviôse et 15 germinal an
IX ; 29 vendémiaire, 9, 28 floréal, 28 pluviôse
an XI ; D. 7 thermidor, 17 nivôse an XIII ; 16
frimaire an XIV ; L. 22 mars, 23 mai 1806 ; Av.
16 mai 1807 ; D. 1er avril 1808 ; 18 juin 1809 ; 19
juillet 1810 ; 2 février, 15 avril 1811 ; O. 7 octobre 1814 ; 28 août 1816, 22 septembre 1819 ;
17 mai et 4 juin 1817 ; 9 janvier 1818 ; 11 octobre
1820 ; 26 août et 1er décembre 1824 ; L. 21 mai
1827 *(Code forestier)* ; O. 1er août 1827 ; 5 janvier,
10 mars, 27 août 1831 ; 17 juillet, 7 septembre,
15 novembre 1832 ; 9 juillet 1833 ; 12 mai, 15
octobre 1834 ; 26 novembre 1836 ; L. 4 mai 1837;
O. 20 mai 1837 ; 15 septembre 1838 ; 12 août et
14 septembre 1839 ; 12 février, 10 juin, 24 août,
21 décembre 1840 ; 3 octobre 1841 ; 25 juillet, 17
décembre 1844, A. 78 et suivants ; 25 janvier, 20
juin 1845 ; 24 janvier 1846 ; D. 31 mai 1850.)

17 SEPTEMBRE 1791. — D. sur la *comptabilité*. (V. D.
9 février, 24 septembre 1791 ; 8 février 1792 ;
L. 16 septembre 1807 ; O. 31 mai 1838.)

21 SEPTEMBRE 1791. — D. sur l'établissement des *commissaires de police*. (V. D. 19 et 26 juillet 1791 ; 1er
juin 1792; 19 vendémiaire, 3 brumaire an IV; Arr.
2 germinal an IV; 19 nivôse an VIII; L. 28 pluviôse,
A. 12 et 14, 27 ventôse, 17 floréal, 12 messidor an VIII;
Arr. 5 brumaire, 7 pluviôse an IX; 29 floréal, A. 2

et 3 , 27 prairial an X , A. 3 et 4 ; 23 fructidor
an XIII ; D. 25 mars 1811 et 28 mars 1815 ; O.
16 mai 1814 ; 29 décembre 1818 ; 9 janvier 1822 ;
31 août 1830 ; Inst. crim. , A. 9 , 11 , 14 , 44 ,
49 , 144 , 509.)

23 SEPTEMBRE 1791. — D. relatif à la fabrication et
vente des *poudres et salpêtres*. (V. D. 14 mai 1792 ;
9 février 1793.)

25 SEPTEMBRE 1791. — *Code pénal*. (V. suprà D. 8
octobre 1789 ; V. en outre D. 27 septembre 1791 ;
20 mars 1792; 27 juin 1793.)

28 SEPTEMBRE 1791. — D. sur la *police rurale*. (V. O.
13 août 1669 ; D. 5.juin 1791 ; 20 messidor an III;
L. 23 thermidor an IV ; Arr. 25 fructidor an IX ;
D. 11 juin 1806 ; O. 29 novembre 1820 ; L. 28
juillet 1824 ; 21 mai 1836.)

29 SEPTEMBRE 1791. — D. sur l'organisation du *notariat*. (V. D. 14 mars et 26 mai 1793 ; 1er et 18
brumaire an II ; 7 pluviôse an III ; 19 brumaire et
16 floréal an IV ; 14 vendémiaire an VI ; Arr. 2
vendémiaire an VII ; L. 1er brumaire an VII ; Av.
17 pluviôse an IX ; *L. 25 ventôse an XI;* Arr. 2
nivôse an XII ; Av. 7 fructidor an XII et 20 juin
1810 ; L. 2 ventôse an XIII , A. 20 ; D. 4 avril
1806 ; 16 février 1807 , A. 168 et suivants; O. 24
janvier 1816 ; L. 28 avril 1816 , A. 88 ; O. 30
juin 1814 et 20 juin 1817 , A. 12 ; 20 mai 1818 ,
26 juillet 1821 ; L. 16 juin 1824 ; 4 juillet 1837 ,

A. 5 ; O. 6 juin 1839 ; *4 janvier* 1843 ; L. 21 juin
1843.)

29 SEPTEMBRE 1791. — D. sur les *sociétés populaires.*
(V. D. 13 novembre 1790 ; 18 mai et 19 juillet 1791,
A. 14 ; 13 juin et 25 juillet 1793 ; 9 brumaire ,
27 germinal an II , A. 15 ; 25 vendémiaire , 4
prairial , 6 fructidor an III ; Const. de l'an III ,
A. 361 et suivants ; L. 7 thermidor et 19 fructidor
an V , A. 36 et suivants ; C. P. A. 291 et suivants;
L. 10 avril 1834 ; Proclamation 19 avril 1848 ; Arr.
22 mai 1848 ; D. 28 juillet 1848 ; Const. 1848 , A.
8 ; L. 19 juin 1849 ; 6 juin 1850.)

2° Assemblée Législative.

5 janvier 1792. = D. sur l'organisation de la *gendar-*
merie. (V. suprà D. 16 janvier 1791 ; V. D. 23 et
26 juin 1792.)

24 JANVIER 1792. — D. relatif au *recrutement* de l'armée. (V. suprà D. 9 mars 1791 et 28 février 1790;
V. D. 24 février , 30 mai , 23 août 1793.)

1er FÉVRIER 1792.—D. sur les *passe-ports.* (V. D. 30 mai
1790; 28 juin, 30 juillet, 14 septembre 1791, A. 5; 20
mai , 28 juillet , 8 septembre , 7 décembre 1792 ;
22 janvier , 26 et 28 février 1793 ; 10 vendémiaire

an IV , Titre III ; 14 et 17 ventôse an IV ; L. 28
vendémiaire an VI ; Arr. 19 vendémiaire an VIII;
D. 18 septembre 1807 ; 11 juillet 1810.)

10 AVRIL 1792. — D. sur la nomination aux *grades
militaires*. (V. suprà D. 23 septembre 1790 ; V. D.
29 novembre 1791.)

30 AVRIL 1792. — D. relatif à l'organisation de l'*hôtel
des invalides*. (V. D. 28 mars 1791 ; 23 mai 1792 ;
12 janvier et 27 juin 1793 ; Arr. 9 frimaire an VII;
19 frimaire, 27 messidor an IX; D. 23 vendémiaire
an XIII ; 25 mars et 10 avril 1811 ; 22 décembre
1812; O. 12 septembre, 12 et 16 décembre 1814; 10
janvier 1816; 10 mars, 25 mai 1832; 25 mai 1793;
23 janvier 1833.)

4 MAI 1792. — D. relatif aux *prisonniers de guerre*. (V.
D. 1er août, 19 septembre 1792; 25 mai 1793; 23
février et 19 avril 1811.)

23 MAI 1792. — D. relatif au *logement et casernement
militaires*. (V. D. 23 janvier 1790 ; L. 8 juillet 1791;
D. 27 septembre 1791 ; 11 août 1793 ; L. 23 floréal
an V ; 26 fructidor an VII ; 23 vendémiaire an X ;
Arr. 9 ventôse , 13 messidor an X ; 6 nivôse an
XI ; D. 23 avril 1810 ; Av. 29 mars 1811 ; D. 16
septembre , 24 décembre 1811 ; O. 28 janvier
1815 ; L. 15 mai 1818 ; O. 5 août 1818 ; C. P. A.
471 , n° 15.)

10 AOUT 1792. — D. relatif à la *suspension du pouvoir
exécutif* et à la *formation d'une Convention nationale*.
(V. D. 11 et 21 août 1792.)

18 août 1792.—D. sur la *suppression des congrégations
séculières* et des *confréries*. (V. suprà D. 13 février
1790 ; V. D. 3 octobre 1793 ; 9 nivôse an II ; 3
messidor an XII ; 18 février 1809 ; Av. 6 février ,
25 mars 1811 ; D. 3 janvier 1812 ; 23 janvier 1813;
L. 2 janvier 1817 ; O. 2 avril 1817 ; Rapport de
M. Portalis sur un projet de loi (Moniteur des 23
et 25 avril 1823 , Sirey, 23 , 2 , 137) ; L. 24
mai 1825.)

7 septembre 1792. — D. sur la *suppression du casuel
des ecclésiastiques salariés*. (V. L. 18 germinal an
X , A. 5 et 69.)

20 septembre 1792. —D. sur le *divorce*. (V. L. 4 floréal an II; 15 thermidor an III; 1er complémentaire
an V; 26 germinal an XI; C. C. Livre Ier, Titre VI;
L. 8 mai 1816 , abolitive du divorce.)

20 septembre 1792. — D. sur le mode de constatation
de l'*état civil*. (V. D. 19 décembre 1792 ; 22 janvier
1793 ; D. 2 floréal an III ; L. 7 vendémiaire an
IV , Titre 4 , Section 4 ; D. 19 vendémiaire an
IV , Titre 2 , A. 12 ; L. 16 frimaire , 28 pluviôse an VIII , A. 13 ; *L. 19 floréal an VIII* ;
Arr. 25 vendémiaire an IX ; Av. 13 nivôse an X;
L. 18 germinal an X , A. 55 ; L. 18 floréal an
X ; Av. 4 et 12 *brumaire an XI* ; D. 8 pluviôse
an XIII ; Av. 4 thermidor an 13 ; D. 3 et 22
juillet 1806 ; Av. 2 juillet 1807 ; D. 12 et 20
juillet 1807 ; Av. 4 et 30 mars ; D. 16 *juin* 1808;
9 décembre 1810 ; 18 uin 1811 , A. 52 ; O. 23

mars et 3 juillet 1816 ; L. 13 janvier 1817 ;
O. 26 novembre 1823 ; 7 septembre 1830 ; L.
13 décembre 1830, A. 12; O. 23 octobre 1833.)

3° Convention nationale.

21 SEPTEMBRE 1792. — D. portant *abolition* de *la
royauté* en France. (V. D. 6 octobre et 4 décembre
1792 ; Proclamation 26 février 1848.)

25 SEPTEMBRE 1792. — Déclaration sur *l'unité et
l'indivisibilité de la République*. (V. D. 16 décembre 1792 ; Constitution 24 juin 1793 , A. 1er;
5 fructidor an III , A. 1er ; 22 frimaire an VIII,
A. 1er ; 4 novembre 1848 , A 2.)

19 OCTOBRE 1792. — D. relatif au *renouvellement* des
corps administratifs et judiciaires. (V. D. 22 sep-
bre , 1er , 24 et 29 novembre , 5 décembre 1792.)

16 DÉCEMBRE 1792. — D. portant *bannissement de la
famille royale*. (V. L. 10 avr. 1832; D. 26 mai 1848.)

2 janvier 1793. — D. sur la *fixation de l'ère républicaine*. (V. D. 22 septembre 1792 ; 5 octobre 1793 ;
15 et 16 vendémiaire, 3 brumaire, 4 frimaire an II;
Const. 5 fructidor an III, A. 372 ; L. 11 nivôse an
IV; S.-C. 22 fructidor an XIII.)

20 JANVIER 1793. — D. relatif à la *condamnation de
Louis XVI* (V. D. 28 novembre, 3, 4, 6, 11, 12

14 , 15 décembre, 15 , 17 et 19 janvier 1793 ;
L. 21 nivôse an III ; 19 janvier 1816 ; 26 janvier
1833.)

1er FÉVRIER 1793. — D. portant *déclaration de guerre*
à l'Angleterre et à la Hollande (V. D. 14, 20 et
25 avril , 5 juillet , 17 et 22 décembre 1792 ; 31
janvier , 7 mars 1793 ; L. 8 prairial , 14 thermidor an III.)

6 FÉVRIER 1793. — D. relatif à l'organisation du *ministère de la guerre*.

14 FÉVRIER 1793. — D. relatif à l'organisation du *ministère de la marine* (V. suprà D. 27 avril 1791; V.
O. 21 juillet 1815.)

14 FÉVRIER 1793. — D. relatif au *jugement des contestations sur les prises maritimes* (V. L. 31 janvier,
2, 14, 17, 19, 21 févr., 29 mars, 11 avril, 21 sept.,
1er octobre 1793 ; 18 et 27 vendémiaire, 18 brumaire , 18 frimaire, 23 messidor an II ; 12 frimaire , 23 thermidor , 26 fructidor , 1er complémentaire an III ; L. 3 brumaire , 8 floréal an IV;
9 frimaire , 12 ventôse, 5 prairial an V ; Arr. 5 ,
12 , 26 vendémiaire , 27 ventôse , 4 prairial , 7
et 25 messidor , 13 thermidor an VI ; L. 27 pluviôse , 18 germinal an VII ; 23 frimaire , 26 ventôse , 6 *germinal an VIII;* 9 ventôse an IX ; 2
prairial an XI ; 7 ventôse an XII ; D. 8 mai , 11
juin A. 14, 9 septembre 1806 ; 25 janvier 1807;
Av. 11 janvier , D. 24 juin 1808 ; Av. 4 avril
1809 ; O. 8 juin, 22 juillet 1814 ; 9 janvier , 23

août A. 13 , 5 septembre 1815 ; 9 septembre 1831 ; 7 novembre 1833 , Titre V ; 11 juillet 1835.)

20 FÉVRIER 1793. — D. sur l'évaluation des *pertes par accidents* et répartition des secours.

21 FÉVRIER 1793. — D. sur *l'organisation de l'armée.* (V. suprà D. 28 février et 23 septembre 1790 ; V. en outre , D. 10 février et 6 juin 1793 ; 13 , 18 , 19 , 21 nivôse , 19 et 27 pluviôse an II ; 14 ventôse , 18 floréal an III , A. 7 ; L. 8 prairial , 14 thermidor an III ; O. 14 et 27 août 1814 ; L. 11 avril 1831.)

10 MARS 1793. — D. relatif à la formation d'un *tribunal criminel extraordinaire.* (V. D. 27 mars, 5 avril, 24 mai , 5 et 31 juillet, 3 octobre 1793 ; 8 brumaire , 30 nivôse, 19 floréal , 22 prairial , 23 thermidor an II ; 8 nivôse , 12 prairial , 22 germinal an III.)

18 MARS 1793. — D. sur *l'impôt progressif* et contre la *loi agraire.* (V. L. 27 germinal an IV.)

19 MARS 1793. — D. sur l'organisation des *secours publics.* (V. D. 10 septembre 1790 ; 29 mars 1791 ; 19 janvier , 10 août 1792 ; 1er mai , 28 juin 1793 ; 16 ventôse , 22 floréal , 24 vendém. , 8 et 23 messidor an II ; 7 frimaire an V ; D. 19 janvier 1811.)

6 AVRIL 1793. — D. pour la formation d'un *comité de salut public.* (V. D. 29 mars , 11 avril , 1er , 16 , 23 août , 6 septembre 1793 ; 18 nivôse an II.)

16 AVRIL 1793. — D. relatif à l'organisation des *commissaires des guerres.* (V. L. 20 septembre 1791 ;

19 août 1793 ; 28 nivôse an III ; O. 29 juillet 1817.)

4 MAI 1793. — D. relatif aux *subsistances*. (V. L. 19, 20, 23, 25, 30 août, 10, 11, 16, 27, 29, 30 septemb., 2 octobre 1793 ; 19 vendém. , 6 ventôse an II ; 4 et 9 nivôse , 8 ventôse , 17 messidor an III ; 7 vendémiaire an IV.)

5 MAI 1793. — D. relatif à la nomination aux *bourses dans les colléges*. (V. L. 25 messidor an V ; 27 novembre 1848.)

20 MAI 1793. — D. ordonnant un *emprunt forcé* sur les riches. (V. D. 22 juin , 3 septembre 1793.)

25 MAI 1793. — D. relatif à l'*échange des prisonniers de guerre*.

29 MAI 1793. — D. contenant la *Déclaration des droits de l'homme*. (V. Const. 24 juin 1793 ; D. 18 vendémiaire an II.)

30 MAI 1793. — D. relatif au mode de *réquisition de la force publique*. (V. L. 23 et 25 août, 13 et 21 septembre, 1er octobre 1793 ; 15 floréal an II ; 26 frimaire an III ; 9 brumaire, 19 fructid. an VI.)

30 MAI 1793. — D. relatif à l'établissement des *écoles primaires*. — V. L. 12 décembre 1792 ; 27 brumaire an III ; 3 brumaire an IV ; 28 juin 1833 ; 15 mars 1850 ; D. 29 juillet, 1er et 7 octobre 1850.)

2 JUIN 1793. — D. ordonnant l'*arrestation des Girondins* membres de la Convention. (V. D. 3 octobre 1793.)

4 JUIN 1793. — D. accordant des *secours et pensions
aux veuves et enfants des militaires.* (V. L. 9 nivôse,
21 pluviôse , 13 prairial , 27 thermidor an II ;
13 nivôse an III ; 29 frimaire et 14 fructidor an
VI ; 28 fructidor an VII.)

6 JUIN 1793. — D. relatif aux *pensions de retraite des
militaires.* (V. D. 14 décembre 1790 ; L. 11 février
1793 ; 9 nivôse , 21 pluviôse , 13 prairial , 27
thermidor an II ; 28 fructidor an VII ; Arr. 8 nivôse an VIII ; L. 8 floréal an XI ; D. 23 vendémiaire an XIII.)

10 JUIN 1793. — D. sur le mode de *partage des biens
communaux.* (V. D. 14 , 25, 28 août 1792 ; 8 août, 2
octobre 1793 ; 19 brumaire , 26 nivôse an II ; 21
prairial an IV ; 2 prairial an V ; Arr. 19 frimaire,
9 fructidor an X ; L. 9 ventôse an XII ; 9 brumaire
an XIII ; 4me complément. an XIII ; Av. 20 juillet
1807 ; 26 avril , 29 mai , 17 juillet 1808 ; D. 6
juin 1811 ; L. 20 mars 1813 ; O. 23 juin 1819.)

10 JUIN 1793. — D. relatif à l'organisation du *muséum
d'histoire naturelle.* (V. D. 27 nivôse an II.)

19 JUILLET 1793. — D. relatif à la *propriété littéraire.
(Droits d'auteurs.)* (V. D. 13 janvier , 19 juillet
1791 ; 30 août 1792 ; 1er septembre 1793 ; 25
prairial an III ; 1er et 7 germinal an XIII ; 8 juin
1806 ; Arr. 25 avril 1807 ; D. 29 juillet 1807 ; Av.
12 août 1807 ; D. 20 février 1809 ; 5 février 1810,
Titre VI ; 6 juillet , 29 décembre 1810 ; 19 juin
1811 ; Av. 23 août 1811 ; *L.* 21 *octobre* 1814 ,

Titre II ; O. 24 octobre 1814 ; L. 6 mai 1841 , A.
8 ; C. P. A. 425 et suivants.)

26 JUILLET 1793. — D. contre les *accapareurs*. (V.
D. 9 , 15 et 17 août , 20 , 27 et 29 septembre , 2
octobre 1793 ; 12 germinal an II.)

1er AOUT 1793. — D. établissant l'uniformité et le *sys-*
tème des poids et mesures. (V. D. 8 mai , 8 décembre 1790 ; 26 mars , 19 juillet , Titre 1, A. 9 ,
8 août 1791 ; C. P. 25 septembre 1791 , Deuxième
partie , Titre II , Section 2 , A. 46 ; D. 31 mars ,
11 septembre 1793 ; 1er brumaire , 28 frimaire an
II ; 18 germinal an III ; Const. 5 fructidor an III,
A. 371 ; L. 1er vendémiaire an IV ; Arr. 3 nivôse
an VI ; 13 brumaire an VII ; L. 27 brumaire an
VII ; Proclamation 19 germinal an VII ; L. 17
floréal an VII ; Proclamation 11 thermidor an VII ;
Arr. 26 vendémiaire an VIII ; L. 19 et 27 frimaire
an VIII , A. 5 ; Arr. 7 floréal an VIII ; 7 et 13
brumaire , 29 prairial an IX ; 9 vendémiaire , 3
nivôse an X ; L. 29 floréal an X ; Arr. 6 prairial
an XI ; 2 nivôse an XII ; D. 2 février , 16 juin
1808 ; 3 août 1810 ; 26 septembre 1811 ; 12 février 1812 ; O. 18 décembre 1825 ; 7 juin 1826 ;
3 novembre 1827 ; 21 décembre 1832 ; *L. 4 juillet*
1837 ; O. 18 mai 1838 ; L. 27 mai 1838 ; 17 avril
16 juin 1839 ; L. 10 août 1839 , A. 14 ; C. P. A.
479 et 480.)

12 AOUT 1793. — D. relatif aux obstacles apportés au
mariage des prêtres. (V. D. 17 décembre 1792 ; 19

juillet , 17 septembre 1793 ; 25 brumaire an II ;
Concordat 18 germinal an X ; Lettres ministérielles
14 janvier 1806 ; 30 janvier 1807 ; Arr. Cass. 21
février 1833.)

23 AOUT 1793. — D. sur la *comptabilité*. (V. suprà D.
17 septembre 1791 ; V. D. 24 septembre 1793 ; 4
germinal an II ; 28 pluviôse an III ; 29 frimaire an
IX ; 12 août 1806.)

24 AOUT 1793. — D. relatif à la formation du *grand
livre* et à la *dette publique*. (V. D. 29 septembre , 7
novembre, 17 décembre 1790 ; 10 janvier, 3 mars,
17 avril , 4 mai 1791 ; 27 juin , 11 et 25 septembre 1793 ; 24 vendémiaire , 9 brumaire , 21 frimaire , 1er et 2 germinal , 21 et 23 floréal , 8 ,
14 , 23 messidor an II ; 2me sans-culotides an II ;
14 vendémiaire, 8 floréal , 14 ventôse, 23 prairial,
21 messidor , 1er et 9 fructidor , 4me complémentaire an III ; 17 prairial an IV ; 23 germinal , 21
messidor , 8 fructidor an V ; 24 frimaire, 8 nivôse,
29 pluviôse , 22 ventôse an VI ; 28 floréal an VII ;
30 ventôse an IX; L. 21 floréal an X; Arr. 13 *prairial an X;* 27 frimaire an XI ; D. 3 messidor an
XII ; 23 vendém. , 13 therm. an XIII ; 22 février,
24 mars, 12 août 1806; L. 15 janvier 1810 ; 20 mars
1813; Ch. A. 70; Av. 11 novemb. 1817; O. 14 avril
1819 ; L. 17 août 1822 , A. 24 ; Ch. 1830 , A. 61 ;
O. 29 avril , 10 mai 1831 ; 16 septembre 1834.)

17 SEPTEMBRE 1793. — D. relatif aux *suspects*. (V. D.
19 juillet 1791 , Titre 1er , A. 3 ; 28 août 1792 ,

A. 5 ; 26 mars , 15 août , 3 octobre 1793 ; 19 vendémiaire an II , A. 2 ; 8 ventôse , 18 thermidor an II ; 12 brumaire an III.)

19 VENDÉMIAIRE AN II. — D. sur l'établissement provisoire du *Gouvernement révolutionnaire*. (V. D. 14 frimaire an II.)

30 VENDÉMIAIRE AN II. — D. sur l'organisation de *l'instruction publique*. (V. suprà D. 30 mai 1793 ; V. L. 7 et 9 brumaire ; 29 frimaire , 8 , 9 et 30 pluviôse an II ; 7 ventôse an III ; 30 vendémiaire , 3 brumaire an IV ; 11 floréal an X.)

2 NIVÔSE AN II. — D. sur la formation du *jury en matière criminelle*. (V. D. 30 avril , 16 août 1790 , A. 15 ; 2 juin 1791 ; Const. 3 septembre 1791 , Chap. 5 , A. 9 et suivants ; 24 juin 1793 , A. 96 ; 5 fructidor an III , A. 209 , 237 et suivants ; 22 frimaire an VIII , A. 62 ; D. 16 , 25 , 29 septembre 1791 ; Code 3 brumaire an IV , A. 594 ; D. 3 juin , 16 août 1793 ; 6 ventôse , 30 frimaire , 18 pluviôse , 23 germinal , 2 et 16 messidor an II ; 14 et 19 vendémiaire an III ; 19 vendémiaire , 23 brumaire , 22 nivôse , 5 pluviôse an IV ; 6 et 24 ventôse , 10 germinal , 19 fructidor an V ; 8 frimaire , 25 brum. , 6 germ. , 18 messid. an VIII ; 7 pluv. an IX ; D. 16 frim. an XIV ; 18 *juin* 1811 , *A.* 35 , 134 ; Inst. Crim. , A. 266 et suivants ; Ch. A. 65 ; L. 24 mai 1821 ; 2 mai 1827 ; 2 juillet 1828 ; 11 septembre , 8 octobre 1830 ; 9 septembre 1835 ; 13 *mai* 1836 ; D. 6 mars , 7 *août* , 18 *octobre* 1848.)

8 PLUVIÔSE AN II. — D. relatif à l'établissement de *bibliothèques publiques*.

16 PLUVIÔSE AN II. — D. portant *abolition de l'esclavage des nègres* dans les colonies. — V. D. 15 mai , 24 et 28 septembre 1791 ; 28 mars , 11 août 1792 ; 19 septembre 1793 ; 13 messidor an X ; L. 30 floréal an X ; 15 avril 1818 ; 25 avril 1827 ; 4 mars 1831 ; O. 16 novembre 1831 ; 24 juin , 25 juillet 1833 ; 24 décembre 1834 ; 26 décembre 1835 , 20 août 1836 ; 6 , 8 , 10 décembre 1838 ; 10 juillet 1841 ; L. 18 et 19 juillet 1845 ; O. 23 et 26 octobre 1845 ; O. 28 janvier , 21 juillet 1846 ; D. 4 mars , 27 avril 1848 ; L. 19 janvier 1849.)

27 PLUVIÔSE AN II. — D. déterminant les formes du *pavillon national.* (V. D. 22 , 24 octobre 1790 ; 30 juin 1791 ; 18 avril 1792 ; Arr. 13 avril 1814 ; O. 12 mai 1814 , A. 8 ; L. 9 novembre 1815 , A. 2 ; O. 1er août 1830 ; Ch. 1830 , A. 76 ; D. 26 février, 7 mars 1848.)

3 VENTÔSE AN II. — D. sur les *hôpitaux militaires.* (V. Arr. 4 germinal an VIII ; 9 frimaire an XII ; O. 25 novembre 1814 ; 18 septembre 1824.)

19 VENTÔSE AN II. — D. sur la formation des *conseils d'administration des régiments de l'armée.* (V. L. 24 ventôse an II ; 25 fructidor an V ; D. 21 décembre 1808.)

27 germinal an II. — D. contenant des mesures de *police générale.* (V. L. 28 germinal , 7 et 19 floréal,

22 prairial an II ; 18 frimaire , 8 nivôse , 1er germinal , 12 floréal an III.)

3 FLORÉAL AN II. — D. sur la *soustraction des effets
d'habillement et équipement militaires.* (V. L. 12
mai 1793 ; Arr. 19 vendémiaire an XII ; L. 15
juillet 1829 , A. 4.)

22 FLORÉAL AN II. — D. ordonnant la formation d'un
livre de la bienfaisance nationale. (V. suprà L. 19
mars 1793.)

11 PRAIRIAL AN II. — D. relatif au *Code* complet *des
lois.* (V. D. 3 floréal an II ; 6 vendémiaire an III ;
L. 12 vendémiaire an IV ; Arr. 11 et 17 brumaire,
13 nivôse an IV ; 13 messidor an VI ; Av. 7 janvier 1813 ; O. 20 août 1824 .)

18 PRAIRIAL AN II. — D. relatif aux *citations de militaires devant les tribunaux.* (V. L. 7 thermidor an
II ; 13 brumaire an V ; Inst. Crim. , A. 71 et
suivants , 153 , 190 , 317.)

IIme PARTIE.

BULLETIN DES LOIS. — 1re SÉRIE.

Convention nationale.

22 PRAIRIAL AN II. — L. sur l'organisation du *tribunal
révolutionnaire.* (V. D. 10 mars , 1er avril 1793 ;

23 ventôse , L. 19 floréal , 26 prairial , 13 , 14 et 23 thermidor an II ; 8 nivôse , 5 et 9 pluviôse , 12 prairial an III ; 14 fructidor an V.)

7 MESSIDOR AN II. — L. sur les *archives* de la représentation nationale. (V. L. 3 et 12 brumaire an III ; O. 5 janvier 1846.)

2 THERMIDOR AN 2. — D. sur la *solde des troupes*. (V. L. 2 fructidor, 27 brumaire an III; 23 floréal an V.)

9 THERMIDOR AN II. — L. ordonnant l'*arrestation* de Robespierre , St.-Just , Couthon , Lebas , Dumas, Henriot , et des membres de la municipalité de Paris , mis hors la loi comme rebelles à la Convention ; — nomination de Barras au commandement de la force armée. (V. D. 18 thermidor an II ; L. 13 germinal an III.)

6 FRUCTIDOR AN II. — L. contenant prohibition de porter des *nom et prénoms* autres que ceux de l'acte de naissance. (V. suprà D. 19 juin 1790 ; L. 24 brumaire an II ; Arr. 19 nivôse an VI ; L. 11 germinal an XI ; D. 20 juillet 1808 ; Arr. 25 juin 1828.)

7 FRUCTIDOR AN II. — L. relative à l'organisation des *comités de la Convention* et des *comités révolutionnaires*. (V. L. 14 fructidor an II ; 7 vendémiaire, 1er et 27 ventôse an III.)

7 VENDÉMIAIRE AN III. — D. sur l'organisation de l'*école polytechnique*. (V. L. 15 fructidor an III ; 30 vendémiaire an IV ; 7 fructidor an VI ; 25 frimaire an VIII ; D. 22 fructidor an XIII ; O. 4

septembre 1816 ; 17 septembre , 20 octobre 1822; 13 novembre 1830 ; 25 novembre 1831 ; 6 juin et 30 octobre 1832.)

19 VENDÉMIAIRE AN III. — L. sur l'organisation du tribunal de *police correctionnelle* de Paris. (V. suprà D. 19 juillet 1791 ; V. L. 27 ventôse an VIII.)

19 VENDÉMIAIRE AN III. — L. portant établissement du *Conservatoire des arts et métiers.* (V. L. 22 prairial an VI ; O. 31 août 1828 ; 9 novembre 1831 ; 25 août 1836 ; 26 septembre , 13 novembre 1839 ; 24 février 1840.)

21 VENDÉMIAIRE AN III. — L. excluant les *faillis non réhabilités* des fonctions publiques. (V. Const. 1791 , an III et an VIII ; Arr. 29 germinal an IX, A. 7.)

24 VENDÉMIAIRE AN III. — L. sur *l'incompatibilité des fonctions administratives et judiciaires.* (V. D. 22 décembre 1789, A. 10 ; 30 décembre 1789 , A. 7 ; 16 août 1790, Titre 2 , A. 13 ; 6 mars 1791 , A. 1er et 5 ; L. 14 frimaire an II , A. 8 et 9.)

9 BRUMAIRE AN III. — D. relatif à l'établissement des *écoles normales.* (V. L. 18 frimaire an III ; 17 mars 1808 , Titre 14 ; 17 septembre 1808 , Titre 8 ; O. 17 février 1815 , Titre 3; 27 février 1821 , A. 24 ; 12 octobre 1821 ; 6 septembre 1822; 9 mars 1826 ; 14 février 1830 ; 11 mars et 15 avril 1831; 23 janvier 1833; 23 juin 1836; 15 décembre 1842; 7 juillet 1844; 18 novembre 1845; L. 19 janvier 1850, A. 35.)

5 FRIMAIRE AN III. — L. contenant *l'acte d'accusation contre Carrier*, représentant du peuple. (V. L. et proclamation 12 frimaire , 13 ventôse , 8 floréal an III; 1ᵉʳ vendémiaire an IV.)

23 FRIMAIRE AN III. — D. sur *l'administration* de la *commune de Paris*. (V. D. 14 fructidor an II.)

23 NIVÔSE AN III. — L. sur les *contributions directes*. (V. suprà. D. 20 novembre 1790 et 21 novembre 1791; V. D. 23 nivôse an II; 17 brumaire , 25 nivôse , 18 prairial an V.)

8 PLUVIÔSE AN III. — L. relative au *mode d'impression et d'envoi des lois*. (V. D. 2 novembre 1790 ; 22 novembre 1792 ; 14 frimaire , 30 thermidor an II; 28 pluviôse , 18 germinal , 21 prairial an III ; 12 vendémiaire , 15 nivôse an IV ; Arr. 12 et 15 brumaire , 25 pluviôse , 22 floréal , 12 prairial an IV; 5 vendémiaire, 1ᵉʳ et 16 ventôse, 25 fructidor an V; 24 brumaire an VII; Arr. 27 et 29 prairial an VIII; 19 frimaire an X ; D. 6 juillet 1810 ; 22 janvier 1811 ; O. 27 novembre 1816 ; 12 janvier et 2 août 1820 ; 14 décembre 1825; 21 septembre 1830; 31 décembre 1831 ; 31 décembre 1835.)

28 PLUVIÔSE AN III. — L. sur la *comptabilité*. (V. suprà. D. 17 septembre 1791 ; V. en outre, D. 23 août , 24 septembre 1793 ; 4 germinal an II ; 28 pluviôse , 9 fructidor an III ; 17 floréal an VII; Arr. 26 vendémiaire an VIII ; 29 frimaire an IX.)

3 VENTÔSE AN III. — L. sur *l'exercice des cultes*. (V. suprà D. 12 juillet 1790 ; 18 frimaire an II; V. L. 11 prairial an III.)

7 VENTÔSE AN III. — L. sur l'établissement des *écoles centrales.* (V. L. 18 germinal an III ; 3 brumaire an IV; 11 floréal an X.)

11 VENTÔSE AN III. — L. accordant des *primes pour la destruction des loups.* (V. L. 28 septembre 1791 , Titre 1 , Section 4, A. 20 ; Arr. 19 pluviôse , 10 messidor an V ; 8 fructidor an XII ; Circulaires ministérielles 25 septembre 1807 ; 9 juillet et 9 août 1818 ; Règl. 1er germinal an 13 ; 20 août 1814 ; O. 14 septembre 1830 ; 24 juillet 1832 , A. 6; L. 3 mai 1844 , A. 9; O. 21 décembre 1844.)

29 GERMINAL AN III. — L. sur l'établissement d'*écoles vétérinaires.*

4 PRAIRIAL AN III. — L. qui investit une *commission militaire* du droit de juger les faits relatifs à la conspiration du 1er prairial. (V. Proclamation 1er et 2 prairial an III ; L. 14 prairial an III.)

7 MESSIDOR. AN III. — L. relative à la formation d'un *bureau des longitudes.*

9 MESSIDOR AN III. — *Code hypothécaire.* (V. L. 11 brumaire an VII ; L. 11 messidor an III ; 5 septembre 1807 ; C. C.)

20 MESSIDOR AN III. — L. sur l'établissement des *gardes champêtres.* (V. L. 28 septembre 1791 , Section 7 ; 18 thermidor an III ; C. 3 brumaire an IV , Livre Ier , Titre 3 ; L. 23 thermidor an IV ; Arr. 4 et 2 brumaire an V; 25 fructidor an IX ; L. 28 floréal an X ; D. 11 juin 1806; O. 29 novembre 1820; L. 21 avril 1832 , A. 19.)

16 THERMIDOR AN III. — L. portant établissement d'un *conservatoire de musique*. (V. L. 20 thermidor an III ; 15 messidor an IV.)

5 FRUCTIDOR AN III. — L. sur les *moyens de terminer la révolution (Constitution)*. (V. suprà Const. 3 septembre 1791 ; V. déclaration 21 septembre 1792; L. 28 germinal , 13 fructidor an III ; 1ᵉʳ et 5 vendémiaire an IV.)

21 FRUCTIDOR AN III. — L. relative aux *corps administratifs et municipaux*. (V. Suprà. D. 14 décembre 1789 ; V. L. 19 vendémiaire an IV.)

7 VENDÉMIAIRE AN. IV. — L. sur l'*exercice* et la *police des cultes*. (V. Suprà. D. 12 juillet 1790 ; V. D. 18 frimaire an II ; Arr. 7 nivôse, 2 pluviôse an VIII; C. P. A. 260 et suivants.)

10 VENDÉMIAIRE AN IV. — L. sur la *police intérieure des communes*. (V. L. 2 germinal , 24 fructidor an IV ; Arr. 8 nivôse an VI ; 4ᵉ complémentaire an XI ; Av. 13 prairial an VIII ; 5 floréal an XIII ; Cassation 15 mai 1841.)

15 VENDÉMIAIRE AN. IV. — L. relative à la répression de la *conspiration dirigée contre la convention*. (V. Proclamation 13 et 14 vendémiaire an IV.)

28 VENDÉMIAIRE AN IV. — L. sur la police de la *bourse*. (V. D. 21 avril 1791 ; 13 fructidor an III ; L. 20 vendémiaire, Arr. 2 ventôse an IV; L. 28 ventôse an IX ; 27 prairial an X; Av. 17 mai 1809 ; O. 12 novembre 1823.)

30 VENDÉMIAIRE AN IV. — L. sur l'organisation du *corps législatif.* (V. Suprà. D. 13 juin 1791.)

30 VENÉDMIAIRE AN IV. — L. sur les *écoles des services publics.* (V. Suprà. L. 7 vendémiaire an III.)

3 BRUMAIRE AN IV. — *Code des délits et des peines.* (V. C. Instr. crim ; C. P.)

BULLETIN DES LOIS. — 2ᵐᵉ SÉRIE.

Directoire.

---

13 BRUMAIRE AN IV. — *Installation* du *directoire exécutif.* (V. D. 10 brumaire , proclamation 14 brumaire an IV.)

4 NIVÔSE AN IV. — L. contre les *déserteurs.* (V. D. 9 novembre 1791 , A. 11 ; 28 mars , 12 mai 1793 ; 13 brumaire , 14 germinal an II ; 4 frimaire an IV ; L. 13 *et* 21 *brumaire an V ;* 24 brumaire an VI; Arr. 3 fructidor an VI; 19 vendémiaire an XII; Arr. 5 germinal, 1ᵉʳ floréal an XII; D. 23 ventôse, 8 fructidor an XIII , A. 55 et suivants; D. et Av. 8 vendémiaie an XIV; Av. 25 janvier 1807; D. 7 mars 1808; 9 février, 14 octobre, 23 et 30 novembre 1811; 2 février , 4 mai , 22 décembre 1812 ; D. 4 janvier , O. 8 août 1814 ; 11 mars 1815 ; 21 février 1816 ; L. 16 mars 1818 , A. 18 ; O. 23 janvier

1822 ; L. 15 juillet 1829 ; O. 27 décembre 1826 ; L. 21 mars 1832 , A. 23.)

4 NIVÔSE AN IV. — L. contre les *embaucheurs*. (V. D. 13 juin 1791 , A. 20 ; 9 novembre 1791, A. 13; 25 juillet et 28 décembre 1792 ; 12 mai 1793, A. 11 ; 30 septembre 1793 ; 30 frimaire , 14 germinal an II ; 30 prairial an III , A. 3 ; 13 et 21 brumaire, Arr. 4 ventôse an V; 18 pluviôse an IX; 17 messidor an XII ; Av. 7 ventôse an XIII ; O. 11 mars 1815.)

12 NIVÔSE AN IV.— L. portant création d'un *ministère de la police genérale*. (V. Arr. 28 fructidor an X; D. 21 messidor an XII ; O. 16 mai 1814 ; 29 décembre 1818.)

19 NIVÔSE AN IV. — L. sur le mode d'intenter les *actions domaniales*. (V. D. 28 octobre 1790 , titre 3 , A. 13 et suivants ; 15 mars 1791 , A. 13 et 14 ; Arr. 2 pluviôse, 10 thermidor an IV ; Av. 1er juin 1807 ; O. 6 mai 1838 ; C. Pr. A. 69 et suiv.)

26 VENTÔSE AN IV. — L. sur *l'échenillage des arbres.* (V. C. P., Art. 471 , nᵒ 8.)

26 VENTÔSE AN IV. — L. sur la manière de procéder en *conciliation*. (V. C. Pr., A. 48 et suivants.)

15 GERMINAL AN IV. — L. contenant *règlement* pour *l'institut national* des sciences et arts. (V. Const. 5 fructidor an III , A. 298 ; L. 3 brumaire , 29 messidor an IV ; 11 floréal an X ; 3 pluviôse an XI ; O. 27 avril 1815 ; 21 mars 1816.)

22 GERMINAL AN IV. — L. autorisant la *réquisition des*

ouvriers pour *l'exécution des jugements.* (V. A. 114, D. 18 juin 1811 ; Cass. 13 mars 1835.)

27 GERMINAL AN IV. — L. pour la *répression des crimes* attentatoires à la *sûreté de l'Etat.* (V. C. P. A. 86 et suivants , 91 et suivants.)

28 GERMINAL AN IV. — L. pour la répression des *délits* commis par la voie *de la presse.* (V. D. 5 février 1810 ; L. 21 octobre 1814 ; 17 mai 1819.)

21 FRUCTIDOR AN IV. — L. relative au *pourvoi en cassation* contre les *jugements militaires.* (V. Suprà. D. 22 septembre 1790 ; V. D. 21 fructidor an IV; 14 fructidor an V ; 13 thermidor an VII ; L. 27 ventôse an VIII , A. 77 ; V. de Chéniers , guide des *tribunaux militaires.*)

16 VENDÉMIAIRE AN V. — L. sur l'administration des *biens des hospices.* (V. Inst. 12 août 1790 , chapit. 7 ; D. 5 février 1791 ; 19 mars 1793 ; 23 messidor an II ; 9 fructidor an III ; 2 brumaire et 28 germinal an IV ; 23 brumaire , 7 frimaire, 29 pluv., 20 ventôse, 9 prairial, 8 thermidor an V ; 26 fruct. an VI ; 16 messidor an VII ; Arr. 15 brumaire , L. 4 ventôse, Arr. 7 germinal , 7 messidor , 7 fructidor an IX ; 19 ventôse , 14 fructidor an X; 27 frimaire , Av. 8 brumaire et 28 pluviôse , Arr. 14 ventôse, L. 9 floréal, Titre 2, Arr. 16 fructidor an XI ; Arr. 21 frimaire , 17 nivôse, 4 pluviôse, L. 8 ventôse , Arr. 22 et 24 ventôse , D. 17 messidor, 11 thermidor an XII ; L. 15 pluviôse , Av. 23 ventôse , D. 7 germinal , 7 floréal , Av. 12

floréal , 4 prairial an XIII ; D. 10 brumaire an
XIV ; 16 et 23 juin, 31 juillet 1806; Av. 10 mars,
30 avril , D. 20 juillet , 13 et 18 août 1807 ; D. 11
janvier, 17 juillet , Av. 21 décembre 1808 ; Av.
3 novembre, D. 9 et L. 23 décembre 1809 ; D. 16
juillet, Av. 22 octobre , D. 31 octobre 1810; D. 19
janvier , 27 février , 29 mars 1811 ; 14 juillet, 22
décembre 1812 ; Av. 6 novembre 1813; O. 10 juin,
21 octobre , 25 novembre , L. 5 décembre 1814 ,
A. 8 ; O. 28 janvier 1815 ; 21 mars , 11 juin 1816;
L. 2 janvier , O. 2 avril , 21 mai 1817 ; 6 et 18
février , 12 août 1818 ; 5 septembre , 31 octobre
1821 ; L. 27 avril, Titre 4 , O. 1er mai 1825; 22
janvier , 2 avril 1831 ; O. 28 juin 1833 ; L. 25 mai
1835 ; O. 1er avril , L. 18 juillet 1837; O. 31 mai
1838 , Ch. 21 ; L. 30 juin 1838 , A. 24 , 28 , 31
et 32 ; L. 30 avril 1846 ; 24 février 1847 ; D. 8
septembre 1849 ; 23 avril 1850 ; C. C. A. 896 et
910.)

29 VENDÉMIAIRE AN V. — L. réglant la manière de suivre les *actions intéressant les communes*. (V. D. 14
décembre 1789 , A. 54 ; L. 24 brumaire an V ; 28
pluviôse an VIII , Titre 2 , A. 4 et 15 ; Arr. 17
vendémiaire an X ; 24 germinal an XI ; 21 frimaire
an XII ; Av. 3 juillet 1808 ; C. Pr. A. 1032 ; L.
21 mars 1831 ; 18 juillet 1837 , A. 19.)

27 FRIMAIRE AN V. — L. relative aux *enfants abandonnés*. (V. Arr. 30 ventôse et 27 frimaire an V ;

25 floréal an VIII ; L. 15 pluviôse an XIII ; D. 19 janvier 1811.)

1ᵉʳ NIVÔSE AN V. — Arr. relatif à la *perception des amendes* prononcées par les tribunaux. (V. Arr. 16 nivôse, 29 ventôse an V ; Inst. Crim. A. 197.)

4 NIVÔSE AN V. — Arr. relatif aux *perquisitions de bois* volés ou coupés en délit. (V. Arr. 26 nivôse an V ; C. forestier A. 160 et suivants ; O. 1ᵉʳ août 1827, A. 182.)

24 VENTÔSE AN V. — L. rétablissant la *contrainte par corps* en matière civile. (V. L. 15 germinal et 4 floréal an VI ; C. C. Titre 16, Livre 3 ; C. Pr. 1ʳᵉ Partie, Livre V, Titre 15 ; L. 30 mars 1793 ; 4 germ. an II; 17 brum. an V; 15 germ. an VI; 3 frim. an VII ; 13 frimaire an VIII ; Arr. 16 thermidor an VIII ; Av. 7 fructidor an XII ; D. 1ᵉʳ germinal an XIII ; L. 10 septembre 1807 ; D. 15 novembre 1810 ; 26 septembre 1811 ; L. 17 avril 1832 ; D. 9 mars, 19 mai 1848 ; L. 13 décembre 1848 ; Arr. 24 mars 1849 ; L. 21 janvier 1851.)

12 GERMINAL AN V. — Arr. déterminant un mode pour la *taxe des frais de justice*. (V. L. 30 nivôse, Arr. 12 germinal an V ; 6 messidor an VI ; D. 24 février 1806, A. V ; 18 juin 1811, A. 57, 140 et suivants ; O. 28 novembre 1838.)

27 MESSIDOR AN V. — Arr. prescrivant des mesures contre les *épizooties*. (V. L. 16 août 1790, A. 3, Titre 11; 28 septembre 1791, A. 23, Titre 2 ;

C. P. A. 459 et suivants ; Décision ministérielle 13
février 1808 ; O. 27 janvier 1815.)

10 FRUCTIDOR AN V. — L. déterminant le mode de
mise en *état de siége* des communes. (V. D. 24 décembre 1811 , A. 53 ; Acte constitutionnel 22 avril
1815. A. 66; Arr. Cass. 29 juin 1832 ; D. 24 juin,
9 octobre 1848 ; Arr. Cass. 12 octobre 1848; L.
13 et 15 juin , 9 *août* 1849.)

19 FRUCTIDOR AN V. — L. contenant des mesures de
salut public à l'occasion de la conspiration dite
royaliste (V. Adresse 21 , L. 22 et 24 , Proclamation 22 fructidor an V.)

27 FRUCTIDOR AN V. — L. relative à l'administration
des *poudres et salpêtres*. (V. suprà D. 23 septembre
1791 ; V. D. 14 mai 1792 ; 13 fructidor an V ;
Arr. 1er complémentaire an V ; 25 ventôse , 9 messidor an VI ; 10 prairial an XI ; 5 germinal an
XII ; 23 pluviôse an XIII ; L. 10 mars 1819 ; 24
mai 1834.)

4 VENDÉMIAIRE AN VI. — L. relative à l'*évasion des
détenus*. (V. D. 13 brumaire , 17 ventôse, 3 messidor an II ; L. 21 brumaire an V , Titre 8 , A.
17 ; C. P. A. 237 et suivants.)

19 BRUMAIRE AN VI. — L. sur la *surveillance du titre* et
les *droits de garantie des matières et ouvrages d'or et
d'argent*. (V. Arr. 21 brumaire an V ; 26 frimaire ,
15 prairial , 13 germinal , 1er messidor an VI ;
Proclamation 1er messidor an VI ; 27 frimaire an
VII ; Arr. 5 frimaire , 27 pluviôse , 13 prairial

an VII ; L. 2 germinal an VII ; Arr. 16 prairial
an VII ; 3 vendémiaiaire an VIII ; L. 7 germinal
an XI ; Arr. 10 prairial an XI ; L. 5 ventôse an
XII , A. 80 ; Arr. 5 germinal an XII ; D. 28 floréal an XIII; O. 8 juillet 1814 ; 3 mars 1815 ; D.
6 avril 1815 ; O. 5 mai 1819 ; 5 mai 1820 ; 23
janvier et 19 septembre 1821 ; 6 mars 1822 ; 5 mai
et 8 septembre 1824 ; 26 décembre 1827 ; 15 octobre 1828 ; 13 septembre 1829 ; 6 juin 1830 ; 5
février, 30 juin 1835 ; 7 avril 1838 ; L. 10 août
1839 , A. 16 ; O. 28 juillet 1840.)

22 BRUMAIRE AN VI. — L. sur l'établissement d'une
agence des contributions directes.

3 PLUVIÔSE AN VI. — Arr. sur le droit de *timbre des
cartes à jouer.* (V. L. 9 vendémiaire ; 19 floréal
an VI ; Arr. 21 vendémiaire , 13 brumaire an
VII , A. 39 ; D. 4 prairial an XIII ; L. 28 avril
1816 , A. 160.)

14 PRAIRIAL AN VI. — L. sur le mode de procéder en
cas de *partage d'opinions* dans les *tribunaux civils.*
(V. Av. du 17 germinal an IX ; C. Pr. A. 118 et
468.)

17 THERMIDOR AN VI. — L. coordonnant les *jours de
repos* avec le *calendrier républicain.* (V. D. 4 frimaire an II ; L. 13 et 23 fructidor an VI ; Arr. 14
germinal an VI ; 7 thermidor an VIII ; L. 18 germinal an X , A. 57 ; 18 novembre 1814 , A. 10 ;
Arr. Cass. 27 août 1807 et 8 mars 1832.)

14 FRUCTIDOR AN VI. — Arr. sur le mode de la *comp-*

tabilité militaire. (V. Arr. 9 brumaire, 11 messi-dor an VII.)

19 FRUCTIDOR AN VI. — L. sur le *recrutement de l'armée.* (V. suprà D. 24 janvier 1792 ; V. D. 28 mars 1793 ; L. 28 nivôse an VII; Arr. 14 fructidor an VII ; L. 17 ventôse an VIII ; 28 floréal an X ; 8 fructidor an XIII, Titre 10.)

7 VENDÉMIAIRE AN VII. — L. relative aux *demandes en décharge* de la *contribution personnelle et mobilière.* (V. L. 3 nivôse an VII.)

27 VENDÉMIAIRE AN VII. — L. sur la *perception* de l'*octroi de Paris* pour dépenses locales. (V. L. 11 frimaire an VII ; Arr. 29 vendémiaire, 3 brumaire, 29 frimaire, 29 nivôse an VII ; 2 vendémiaire, 19 frimaire, 5 ventôse an VIII ; 17 mai 1809, A. 169 ; D. 3 février 1810 ; 23 décembre 1814 ; L. 28 avril 1816, A. 155 ; 8 janvier, 26 décembre 1817; O. 23 décembre 1818; 25 décembre 1822 ; 28 décembre 1825; 10 juillet 1827 ; 22 juillet 1831 ; L. 29 mars 1832, A. 7, 8 et 9.)

22 BRUMAIRE AN VII. — L. établissant une *taxe sur le tabac.* (V. L. 20 mars 1791 ; 9 prairial an VII ; 5 ventôse an XII, Titre 5, Chapitre 1er ; D. 29 décembre 1810.)

4 FRIMAIRE AN VII. — L. portant établissement d'une *contribution sur les portes et fenêtres.* (V. L. 18 ventôse et 6 prairial an VII ; 13 floréal an X ; 4 germinal an XI, A. 19 et 21 ; 26 mars 1831 ; 21 avril 1832 ; 20 juillet 1837, A. 3.)

6 FRIMAIRE AN VII. — L. sur la *police* et l'*administra-*

tion des bacs et bateaux sur les rivières navigables.
(V. O. 1669 , Titre 27 , A. 41 ; L. 15 mars 1790,
Titre 2 , A. 15 ; 25 août 1792 , A. 9 ; 16 brumaire
an V ; 14 floréal an X , A. 9 ; Arr. 11 fructidor
an XI ; 8 floréal an XII ; L. 28 avril 1816 , A. 231 ;
25 mars 1817 , A. 123.)

11 FRIMAIRE AN VII. — L. sur la *comptabilité départementale et municipale.* (V. L. 15 frimaire an VI ;
28 pluv. an VIII ; Arr. 4 therm. an X ; 30 frim.
an XIII ; Av. 25 mars 1807 ; D. 27 février 1811 ;
L. 18 juillet 1837 ; V. en outre, pour les dépenses
départementales, Arr. 8 ventôse an VII ; 27 floréal
an VIII ; 7 ventôse , 5 et 9 floréal an IX ; 25 vendémiaire et 3 germinal an X ; L. 13 floréal an X ,
A. 8 et 9 ; 9 et 15 vendémiaire , 2 nivôse an XI ;
L. 2 ventôse an XIII , A. 33 et 34 ; 24 avril 1806 ;
D. 7 octobre 1809 ; 11 juin , 28 août 1810 ; 22
octobre 1811 ; L. 10 mai 1838.)

19 FRIMAIRE AN VII. — L. sur la *poste aux chevaux.*
(V. L. 25 avril , 26 août 1790 ; 6 janvier , 6 septembre 1791 ; 19 septembre 1792 ; 9 avril , 24
juillet 1793 ; 17 nivôse , 3 germinal , 3 et 16
thermidor an III ; 6 nivôse an IV ; 1er prairial ,
4me complémentaire an VII ; 23 frimaire an VIII :
25 vendémiaire an XII ; 15 et 20 ventôse , 20 , 30
floréal an XIII ; D. 10 brumaire an XIV ; 6 juillet
1806 ; O. 20 mai , 5 août 1814 ; 13 août 1817 ; 13
novembre 1822 ; 1er mars 1829 ; 25 décembre 1839 ;
Tarif rectifié au Bulletin 718.)

22 PLUVIÓSE AN VII. — L. sur les formalités à suivre pour la *vente d'objets mobiliers.* (V. Arr. 12 fructidor an IV ; L. 27 nivôse an V ; 27 ventôse an IX; 1er juillet 1841.)

9 VENTÔSE AN VII. — L. sur la *perception* des *droits d'hypothèque.* (V. L. 9 messidor an III ; 2 brumaire an IV ; 9 vendémiaire an VI ; 11 brumaire , 21 ventôse , 6 messidor an VII ; 9 pluviôse an XII ; 24 mars 1806 ; D. 21 septembre 1810 ; Av. 26 décembre 1810 ; 16 septembre 1811 ; L. 28 avril 1816 ; O. 24 février 1832.)

21 VENTÔSE AN VII. — L. sur l'établissement des *droits de greffe* dans les tribunaux civils et commerciaux. (V. L. 6 , 22 et 23 prairial an VII ; Arr. 8 messidor an VIII ; D. 12 juillet 1808 ; 18 juin 1811 , Chapitre V , A. 41 et suivants ; D. 6 janvier 1814; L. 23 juillet 1820 , A. 2 ; O. 9 octobre 1825.)

1er GERMINAL AN VII. — Arr. sur les *mesures* pour prévenir l'*incendie des salles de spectacles.*

18 GERMINAL AN VII. — L. sur le *remboursement* des *frais de justice en matière criminelle.* (V. L. 19 juillet 1791 ; 30 nivôse an V ; Arr. 12 germinal an V ; 6 messidor an VI ; Av. 26 fructidor an XIII ; D. 5 pluviôse an XIII ; 24 février 1806 ; 16 février 1807 ; L. 5 septembre 1807 ; 12 juillet 1808 ; 18 *juin* 1811 ; 7 avril 1813 ; O. 22 mai 1816 ; 3 novembre 1819 ; 28 novembre 1838 ; C. P. A. 52 et suivants ; Inst. Crim. A. 368.)

27 GERMINAL AN VII. — L. sur la nomination des *greffiers des tribunaux* et des justices de paix. (V. A. 207, Const. 5 fructidor an III ; L. 28 frimaire an V ; 21 et 23 prairial an VII ; L. 28 avril 1816, A. 91.)

13 FLORÉAL AN VII. — Arr. sur les *rapports de l'autorité* avec la *force publique*. (V. L. 29 septembre 1791 ; 13 fructidor an V.)

29 FLORÉAL AN VII. — Arr. concernant les sources et fontaines *d'eaux minérales*. (V. Arr. 3 floréal an VIII ; 6 nivóse an XI ; L. 17 août 1822 , A. 15 ; O. 18 juin 1823 ; L. 20 juillet 1837 , A. 18.)

21 PRAIRIAL AN VII. — L. relative au *traitement* des *greffiers de justice de paix*. (V. L. 28 frimaire an V ; 27 germinal et 23 prairial an VII.)

2 MESSIDOR AN VII. — L. sur les *réclamations* en matière de *contribution foncière*. (V. Arr. 24 floréal an VIII.)

27 MESSIDOR AN VII. — L. sur les *congés* et *dispenses du service militaire*.

26 FRUCTIDOR AN VII. — L. sur le *rétablissement des masses*. (V. Arr. 23 fructidor an VIII ; 17 brumaire , 2 frimaire an IX ; 17 frimaire an XI.)

28 FRUCTIDOR AN VII. — L. sur la *solde de retraite* pour l'armée de terre.

7 VENDÉMIAIRE AN VIII. — Arr. sur le *service de santé* de la *marine*.

11 BRUMAIRE AN VIII. — Arr. sur la *comptabilité*. (V. L. 12 vendémiaire et 13 frimaire an VIII.)

BULLETIN DES LOIS. — 3ᵐᵉ SÉRIE.

—

Consulat.

—

19 BRUMAIRE AN VIII. — L. remplaçant le Directoire par une *Commission consulaire.* (V. proclamation 19 brumaire an VIII.)

3 FRIMAIRE AN VIII. — L. sur l'établissement des *directions* de *contributions directes.* (V. Arr. 16 frimaire an XI.)

6 FRIMAIRE AN VIII. — L. sur les *cautionnements des receveurs généraux.* (V. Arr. 23 ventôse an VIII.)

22 FRIMAIRE AN VIII. — *Constitution consulaire.* (V. L. 23 frimaire an VIII ; Arr. 24 frimaire an VIII ; L. et Proclamation 3 et 19 nivôse an VIII.)

27 FRIMAIRE AN VIII. — L. fixant un nouveau *tarif* pour la *poste aux lettres.*

29 FRIMAIRE AN VIII. — Arr. sur la *navigation* des *bâtiments neutres.* (V. L. 23 frimaire an VIII.)

4 NIVÔSE AN VIII. — Arr. sur les *récompenses militaires.*

5 NIVÔSE AN VIII. — *Règlement* pour l'organisation du *Conseil d'Etat.* (V. Règl. 8 janvier 1585 ; 19 juin 1644 ; 1ᵉʳ mai 1657; 3 janvier 1673 ; 9 août 1789 ; D. 27 avril 1791 , A. 15 et suivants ; *Const. 22 frimaire an VIII,* A 52 ; Arr. 7 fructidor an VIII ; S.-C. 16 thermidor an X , Titre 6 ; D. 19 germinal an XI ; S.-C. 28 floréal an XII ; D. 24 mes-

sidor an XII ; 11 juin , 22 et 23 juillet 1806 ; 26 décembre 1809 ; 7 avril 1811 ; O. 27 juin 1814 ; 23
août 1815 ; 26 août 1824 ; 1er juin 1828 ; 5 novembre 1828 ; O. 2 février , 12 mars , 13 mai
1831 ; 5 février 1838 ; 18 septembre 1839 ; 19
juin 1840 ; D. 12 et 15 mars , 18 avril 1848 ; Arr.
5 septembre 1848 ; *L.* 15 *janvier* 1849 ; Procès-
verbal 18 avril 1849 ; Arr. 9 mai 1849 ; *Règl.* 26
mai 1849 ; Arr. 6 janvier 1849 ; *Règl.* 15 *juin et* 16
juillet 1850.)

14 NIVÔSE AN VIII. — Arr. relatif à l'*organisation* de la
poste aux lettres. (V. L. 25 frimaire an VIII.)

23 NIVÔSE AN VIII. — L. portant *suspension de la constitution* dans quelques départements. (V. Arr. 21
et 26 nivôse ; 25 thermidor an VIII.)

27 NIVÔSE AN VIII. — *Règlement* intérieur du *tribunat.*

27 NIVÔSE AN VIII. — Arr. relatif aux *journaux*. (V. L.
14 thermidor an VII.)

1er PLUVIÔSE AN VIII. — Arr. sur l'administration du
trésor public. (V. O. 31 mai 1838.)

5 PLUVIÔSE AN VIII. — Avis du Conseil d'Etat sur la
date des lois.

7 PLUVIÔSE AN VIII. — Arr. sur les fonctions de *commissaires des guerres* et *d'inspecteurs aux revues.*
(V. suprà D. 16 avril 1793.)

27 PLUVIÔSE AN VIII. — Arr. sur la régie des *poudres*
et *salpêtres* (V. suprà L. 27 fructidor an V ; Arr.
10 prairial an XI.)

28 PLUVIÔSE AN VIII. — L. sur la *division du territoire*

et l'*administration*. (V. suprà D. 26 février 1790 ;
V. arr. 17 floréal , 8 messidor , 17 et 26 ventôse
an VIII ; 13 germinal , 17 nivôse an IX ; 27
pluviôse an X ; D. 16 juin 1808 ; O. 29 mars
1821.)

5 ventôse an VIII. — L. relative à l'établissement
d'*octrois municipaux*. (V. L. 19 vendémiaire an
VII ; 19 et 27 frimaire an VIII ; Arr. 13 thermidor an VIII ; Circulaire 25 germinal an VIII ; Arr.
29 germinal an XII ; O. 9 décembre 1814.)

7 ventôse an VIII. — L. sur les *cautionnements* à
fournir par les fonctionnaires. (V. Arr. 18 ventôse , 24 germinal , 18 prairial ,- 7 thermidor an
VIII ; L. 4 germinal an VIII ; Av. 17 pluviôse an
IX.)

26 ventôse an VIII. — Arr. contenant règlement sur
la *revue des troupes*. (V. Arr. 9 pluviôse an VIII ;
D. 25 germinal an XIII ; O. 29 juillet 1817.)

24 germinal an VIII. — Arr. sur le *costume des magistrats* de l'ordre judiciaire. (V. Arr. 2 nivôse an
XI ; D. 29 messidor an XII ; 6 janvier 1841.)

19 floréal an VIII. — Arr. sur la *nomination* des
maires et adjoints. (Modèles des *actes* de l'*état
civil*.)

27 prairial an VIII. — Arr. sur les *franchises* et contre-seings. (V. L. 12 octobre 1790 ; 6 juin et.
3 septembre 1792 ; Arr. 27 vendémiaire an VI ; 5
vendémiaire an VII ; 15 brumaire an IX ; O. 6
août 1817 ; 14 décembre 1825.)

27 PRAIRIAL AN VIII. — Arr. sur *l'envoi* du *Bulletin des lois* aux fonctionnaires. (V. D. 14 frimaire an II , A. 1 ; D. 25 janvier, 25 mai 1811.)

12 MESSIDOR AN VIII. — Arr. déterminant les *fonctions* de *Préfet de police* à Paris. (V. L. 28 pluviôse an VIII , A. 16 ; Arr. 17 ventôse an VIII ; 3 brumaire an IX ; 29 germinal an IX ; 27 prairial an X ; D. 21 janvier 1810 ; O. 8 avril 1814 ; 18 décembre 1822 ; L. 20 avril 1834 , A. 16 ; Inst. Crim. , A. 10 , 612 et suivants.)

16 THERMIDOR AN VIII. — Arr. sur le *recouvrement* des *contributions directes*. (V. Règl. 8 mai 1761 ; L. 3 frimaire , 2 messidor an VII ; Arr 24 floréal an VIII ; L. 5 ventôse an XII ; L. 12 novembre 1808.)

22 THERMIDOR AN VIII. — Arr. relatif à la nomination et au service des *huissiers*. (V. L. 27 ventôse an VIII ; D. 14 juin 1813.)

5 FRUCTIDOR AN VIII. — Arr. relatif aux *vacances* des *tribunaux*. (V. Arr. 18 fructidor an VIII.)

7 BRUMAIRE AN IX. — Arr. sur la *solde de retraite* de *l'armée navale*. (V. D. 15 germinal an III.)

1ᵉʳ FRIMAIRE AN IX. — Exposé de la *situation de la République*. (V. Proclamation 18 brumaire , 1ᵉʳ frimaire an X ; 1ᵉʳ ventôse an XI ; 25 nivôse an XII.)

7 PLUVIÔSE AN IX. — L. relative à la *poursuite* des *délits*. (V. Inst. Crim.)

13 VENTÔSE AN IX. — L. sur la formation des *listes d'éligibilité.*

13 VENTÔSE AN IX. — Arr. sur l'*exposition* annuelle des *produits de l'industrie*. (V. D. 15 février 1806.)

21 VENTÔSE AN IX. — L. qui détermine la *portion saisissable* sur les *traitements*. (V. D. 8 juillet et 6 août 1791 ; 26 mai 1793 ; 19 pluviôse an III ; 22 floréal an VII ; 7 thermidor an X ; 18 nivôse an XI ; 15 germinal an XII , A. 6 ; Av. 11 janvier 1808 ; L. 11 et 18 avril 1831.)

27 VENTÔSE AN IX. — L. sur l'*établissement* des *commissaires-priseurs*. (V. D. 21 juillet 1790 ; 17 septembre 1793 ; Arr. 12 fructidor an IV ; 27 nivôse an V ; 22 pluviôse an VII ; 29 germinal an IX ; L. 25 nivôse et 2 ventôse an XIII , A. 23 ; D. 24 mars 1809 ; O. 18 février 1815 ; L. 28 avril 1816 ; O. 26 juin 1816 ; O. 9 janvier 1818 ; 12 janvier 1820 ; L. 23 juillet 1820, A. 31 ; O. 22 août 1821; 31 juillet 1822 ; Arr. 21 avril 1828.)

28 VENTÔSE an IX. — L. relative à *l'établissement* des *bourses de commerce*. (V. Arr. du conseil 24 septembre 1724 ; 6 floréal an III ; 28 vendémiaire , 2 ventôse an IV; 29 germinal et 3 messidor an IX ; 27 prairial an X ; D. 12 brumaire an XI ; O. de police des 16 avril 1819 et 25 janvier 1823 ; O. 12 novembre 1823.)

29 VENTÔSE AN IX. — L. donnant deux *suppléants aux juges de paix*.

7 GERMINAL AN IX. — Arr. sur les *baux de biens ruraux* appartenant à des *corps communs*. (V. L. 5 février 1791 ; Av. 8 brumaire , 28 pluviôse an XI;

Av. 10 mars 1807 ; D. 12 août 1807; O. 7 octobre
1818 ; L. 25 mai 1835.)

27 PRAIRIAL AN IX. — Arr. *interdisant* le *transport* de
lettres, journaux. (V. arr. 26 ventôse an VII ; D.
2 messidor an XII.)

17 MESSIDOR AN IX. — Arr. sur l'*organisation* du corps
de *sapeurs-pompiers* de Paris. (V. D. 18 septembre 1811.)

23 MESSIDOR AN IX. — Arr. contenant *organisation* de la
caisse d'amortissement. (V. L. 28 nivôse an XIII ;
D. 11 septembre 1808 ; L. 28 avril 1816 , A. 98 et
suivants.)

19 FRUCTIDOR AN IX. — Arr. relatif aux *délibérations*
des *conseils de préfecture*. (V. L. 28 pluviôse
an VIII.)

17 VENDÉMIAIRE AN X. — Arr. relatif aux *formalités*
pour intenter une *action contre les communes*. (V.
L. 18 juillet 1837 , A. 49.)

19 VENDÉMIAIRE AN X. — Arr. sur le *commerce de la
boulangerie* à Paris. (V. D. 27 février 1811 ; O. 4
février 1815 ; 21 octobre 1818.)

25 VENDÉMIAIRE AN X. — Arr. sur le *mode de payement*
des *dépenses administratives et judiciaires*. (V. arr.
13 brumaire an X.)

13 BRUMAIRE AN X. — Arr. relatif aux *conflits d'attributions*. (V. L. 7 octobre 1790 , A. 3 ; 27 novembre 1790 , A. 2 ; 21 fructidor an III , A. 27;
arr. 5 nivôse an VIII ; 23 fructidor an VIII ; Av.

5 novembre 1811 , 22 janvier 1813 ; O. 12 décembre 1821 ; 1er juin 1828.)

26 BRUMAIRE AN X. — Arr. rétablissant les *communes* dans la jouissance des *amendes de police.*

19 FRIMAIRE AN X. — Arr. relatif à *l'imprimerie nationale* et à *l'envoi des lois.* (V. D. 24 mars 1809; 22 janvier , 25 mai 1811; O. 28 et 30 décembre 1814 ; 28 février , 3 juillet 1816 ; 12 janvier 1820.)

13 NIVÔSE AN X. — Arr. relatif à *l'apposition des scellés* après le décès des *officiers* généraux.

13 NIVÔSE AN X. — Av. du Conseil d'Etat sur le mode de *rectification* des *registres de l'état civil.* (V. L. 21 fructidor an II ; 2 floréal an III ; Av. 12 brumaire an XI ; C. C. A. 99.)

27 NIVÔSE AN X. — Arr. relatif à la *consignation d'amende* sur *appel.* (V. Arr. 10 floréal an XI ; C. Pr. A. 471 ; L. 16 juin 1824 , A. 10.)

9 PLUVIÔSE AN X. — Arr. relatif aux *poursuites judiciaires* contre les *agens des domaines* , de la *loterie et des postes.* (V. Const. 22 frimaire an VIII , A. 75 ; Arr. 10 floréal an X ; 28 pluviôse, 10 et 29 thermidor an XI.)

27 PLUVIÔSE AN X. — Arr. relatif au *remplacement de préfets* en cas de mort. (V. Arr. 17 nivôse an IX.)

5 VENTÔSE AN X. — Arr. relatif à la *révision* annuelle de la *législation.* (V. L. 27 ventôse an VIII , A. 86.)

17 VENTÔSE AN X. — Arr. sur les *primes d'encouragement* pour la *pêche de la morue.* (V. Arr. 17 prairial

an X ; 15 pluviôse an XI ; O. 13 février 1815 ; 21 novembre 1821.)

18 ᴳᴱᴿᴹᴵᴺᴬᴸ ᴬᴺ X. — L. relative à l'*exercice des cultes*. (V. Pragmatique sanction 7 juillet 1438 ; Concordat 16 août 1516 ; L. 12 juillet 1790 ; Arr. 29 germinal an X ; 7 ventôse an XI ; L. 23 ventôse an XII ; D. 28 février 1810 ; Concordat 13 février 1813 ; D. 25 mars 1813 ; L. 4 juillet 1821 ; O. 31 octobre 1822.)

6 ᶠᴸᴼᴿᴱᴬᴸ ᴬᴺ X. — Arr. contenant *règlement* pour le service du *tribunal de la Seine*. (V. Arr. 29 thermidor an XI.)

28 ᶠᴸᴼᴿᴱᴬᴸ ᴬᴺ X. — L. relative aux *justices de paix*. (V. L. 16 août 1790 , Titre 3 ; 11 septembre 1790, A. 3 ; 18 octobre 1790 ; 28 février 1790 , A. 2 ; 6 mars , 19 juillet 1791 ; 9 février 1793 ; 6 pluviôse an II , A. 2 ; Const. 22 fructidor an III , A. 209 ; L. 26 frimaire an IV ; Arr. 28 brumaire an VI ; L. 8 ventôse , 21 prairial , 16 thermidor an VII ; Const. 22 frimaire an VIII , A. 60 ; L. 27 ventôse an VIII , A. 2 ; L. 8 pluviôse an IX ; Arr. 27 prairial an X ; S.-C. 16 thermidor an X , A. 8 et 9 ; Arr. 30 fructidor an X ; 2 nivôse an XI ; L. 16 ventôse an XI ; 16 ventôse an XII ; D. 16 février 1807 ; 18 août 1810 , A. 40 ; Ch. 1814 , A. 61 ; O. 9 octobre 1816 ; Inst. 20 mai , 16 novembre 1822 ; O. 5 novembre 1823 ; 17 juillet 1825 ; Ch. 1830 , A. 52 ; L. 25 mai 1838 ; Const. 1848 , A. 85.)

29 FLORÉAL AN X. — L. portant création d'une *légion d'honneur*. (V. Const. 22 frimaire an VIII , A. 87 ; Arr. 13 et 23 messidor an X ; 24 ventôse an XII ; D. 10 pluviôse an XIII ; Ch. 1814 , A. 72 ; O. 21 juin , 19 juillet 1814 ; 26 mars 1816 ; L. 6 juillet 1820 ; 26 avril 1832 ; Const. 1848 , A. 108 ; D. 24 mars 1851.)

29 FLORÉAL AN X. — L. relative aux *contraventions* en matière de *grande voirie*. (V. L. 9 ventôse an XIII ; D. 16 décembre 1811 ; 29 août 1813 ; L. 23 mars 1842.)

29 FLORÉAL AN X. — L. sur la *police du roulage*. (V. L. 12 avril 1851.)

1ᵉʳ PRAIRIAL AN X. — Arr. relatif à la *bénédiction nuptiale* par les *rabbins*. (V. C. P. A. 199 et 200.)

14 THERMIDOR AN X. — S.-C. établissant le *consulat à vie*. (V. Arr. 20 floréal an X ; Const. 16 thermidor an X ; Arr. 19 fructidor an X ; Av. 29 vendémiaire an XI ; S.-C. 28 floréal an XII.)

8 VENDÉMIAIRE AN XI. — Arr. sur l'exercice de la *profession de boucher à Paris*. (V. D. 6 février 1811 ; 15 mai 1813 ; O. 9 octobre 1822 ; 12 janvier 1825.)

12 VENDÉMIAIRE AN XI. — Arr. sur la *fondation* de l'*école d'artillerie* et *du génie* à Metz. (V. O. 12 mai 1814; 5 juin 1831.)

12 BRUMAIRE AN XI. — Av. sur les formalités pour l'*inscription d'actes omis* sur les *registres de l'état civil*.

19 FRIMAIRE AN XI. — Arr. relatif à l'*enseignement*

dans les *lycées*. (V. L. 11 floréal au X ; Arr. 30
frimaire an XI.)

2 nivôse an XI. — Arr. réglant le *costume* des membres des *tribunaux*. (V. Arr. 24 germinal an VIII;
20 vendémiaire an XI.)

3 nivôse an XI. — Arr. sur l'*établissement* de *chambres
de commerce*. (V. O. 16 juin 1832.)

14 nivôse an XI. — S.-C. portant *création* de *sénatories*. (V. S.-C. 16 thermidor an X ; Arr. 18 fructidor an XI ; S.-C. 3 frimaire an XII ; 30 pluviôse an XIII.)

8 pluviôse an XI. — Arr. sur l'*organisation* de l'*école
militaire*.

16 ventôse an XI. — L. fixant l'*âge requis* pour les
fonctions judiciaires. (V. L. 27 ventôse an VIII; L.
20 avril 1810 , A. 64 et 65.)

19 ventôse an XI. — L. relative à l'*exercice de la
médecine*. (V. règ. 20 prair. an XI; O. 3 oct. 1841.)

28 ventôse an XI. — L. relative aux *droits de pacage*
dans les *forêts nationales*. (V. L. 7 brumaire et 29
floréal an III ; 19 germinal an XI ; D. 17 nivôse
an XIII ; C. forestier.)

15 germinal an XI. — Arr. relatif à la *composition*
des *conseils d'administration*. (V. suprà D. 19
ventôse an II.)

17 germinal an XI. — Arr. relatif aux *dépenses* des
communes. (V. Arr. 4 thermidor an X ; 18 germinal an XI.)

21 germinal an XI. — L. contenant *organisation* des

écoles de pharmacie. (V. D. 14 avril 1791 ; Arr. 25 thermidor am XI ; 22 fructidor an XII ; L. 29 pluviôse an XIII ; O. 29 septembre 1840 ; 12 mars 1841.)

22 GERMINAL AN XI. — L. relative aux *manufactures , fabriques , ateliers*. (V. Arr. 23 nivôse an IX ; 10 thermidor an XI ; 9 frimaire an XII ; D. 11 juin 1809 ; 20 février 1810 ; 15 septembre 1810 ; 22 décembre 1812 ; L. 22 mars 1841.)

24 GERMINAL AN XI. — L. relative à la *banque de France*. (V. Av. 30 frimaire an XIV ; L. 22 avril 1806 ; D. 16 janvier 1808 ; 18 mai , 3 septembre 1808 ; 25 septembre 1813 ; L. 17 mai 1834 ; 30 juin 1840 ; O. 25 mars 1841.)

24 GERMINAL AN XI. — Arr. sur les *actions à intenter* par des *sections de communes*. (V. L. 29 vendémiaire an V ; 28 pluviôse an VIII ; Arr. 17 vendémiaire an X ; L. 18 juillet 1837 , A. 56 et suivants.)

25 GERMINAL AN XI. — L. interprétative de celle du 13 brumaire an VII sur le *timbre*. (V. suprà D. 12 décembre 1790.)

26 GERMINAL AN XI. — L. relative au payement des *contributions* sur les *biens communaux*. (V. L. 3 frimaire an VII.)

8 FLORÉAL AN XI. — L. sur le mode d'admission à la *solde de retraite*. (V. L. 28 fructidor an VII ; D. 23 vendémiaire an XIII ; suprà D. 3 août 1790 ; Arr. 11 fructidor an XI.)

9 FLORÉAL AN XI. — Arr. sur le régime des *bois des*

communes ou des particuliers. (V. Arr. 28 floréal an
XI ; D. 17 nivôse an XIII ; 15 avril 1811 ; C. forestier.)

13 FLORÉAL AN XI. — L. sur le *jugement* des *contrebandiers.* (V. L. 18 pluviôse an IX ; 23 floréal an X ;
Arr. 4me complémentaire an XI ; Av. 25 ventôse
an XIII ; D. 18 octobre 1810.)

2 PRAIRIAL AN XI. — Arr. contenant *règlement* sur les
armements en cours. (V. D. 31 janvier 1793 ; Arr.
6 germinal an VIII.)

PRAIRIAL AN XI. — Arr. permettant les *quêtes dans les
églises* pour les *bureaux de bienfaisance.*

8 PRAIRIAL AN XI. — Arr. relatif à la *navigation inté-
rieure.* (V. L. 30 floréal an X.)

20 PRAIRIAL AN XI. — Arr. sur le *mode de delivrance*
des *dispenses pour mariages.* (V. circulaire 10 mai
1834.)

21 PRAIRIAL AN XI. — Arr. portant *règlement* pour les
lycées. (V. L. 11 floréal an X ; Arr. 5 brumaire an
XI ; 19 frimaire an XI ; 15 brumaire an XII ; D.
10 mai 1806 ; 17 mars 1808.)

7 THERMIDOR AN XI. — Arr. relatif aux *biens des fabriques.* (V. D. 13 brumaire an II ; Arr. 28 frimaire
an XII ; D. 30 mai , 31 juillet 1806 ; Av. 30 avril
1807 ; D. 30 décembre 1809 ; 9 décembre 1810 ;
O. 31 janvier , 7 mars 1838.)

10 THERMIDOR AN XI. — Arr. sur les *chambres* de *manufactures* (V. L. 22 germinal an XI ; Arr. 12
germinal an XII.)

25 THERMIDOR AN XI. — Arr. contenant *règlement* pour les *écoles de pharmacie*. (V. L. 21 germinal an XI.)

25 THERMIDOR AN XI· — Arr. contenant le *tableau des distances* de Paris aux chefs-lieux. (V. O. 7 juillet 1824 ; 1er novembre 1826 ; 12 juin 1834.)

19 VENDÉMIAIRE AN 12. — Arr. contenant *règlement* pour les *écoles secondaires*. (V. Arr. 4 messidor an X ; D. 17 mars 1808.)

24 BRUMAIRE AN XII. — Instruction du ministère de la guerre sur les *dispositions du Code civil applicables* aux *militaires*.

9 FRIMAIRE AN XII. — Arr. relatif au *livret des ouvriers*. (V. L. 22 germinal an XI , Arr. 10 ventôse an XII.)

21 FRIMAIRE AN XII. — Arr. sur les formalités pour *transactions* entre une *commune* et un particulier. (V. L. 18 juillet 1837.)

28 FRIMAIRE AN XII. — S.-C. sur la *formation* du *corps législatif*. (V. S.-C. 16 therm. an X ; 19 août 1807.)

4 PLUVIÔSE AN XII. — Arr. sur l'*acceptation* de *legs faits aux hospices et aux pauvres*. (V. C. C. A. 910 ; L. 2 janvier 1817 ; O. 2 avril 1817.)

16 PLUVIÔSE AN XII. — L. relative aux *maisons de prêts sur nantissement*. (V. D. 24 messidor an XII ; 8 thermidor an XIII ; C. P. A. 410 et suivants.)

5 VENTÔSE AN XII. — L. concernant les *finances (régie des droits réunis)*. (V. Arr. 5 germinal an XII ; O. 17 mai 1814 ; 3 janvier 1821 ; 4 décembre 1822.)

9 VENTÔSE AN XII. — L. relative aux *partages effectués*

de *biens communaux*. (V. L. 28 août 1792 ; 10 juin 1793 ; 21 prairial an IV ; 2 prairial an V ; 4me complémentaire an XIII.)

16 ventôse an XII. — L. relative au *remplacement* des *juges de paix et suppléants* empêchés.

22 ventôse an XII. — L. relative aux *écoles de droit.* (V. D. 4me complémentaire an XII ; D. 28 floréal an XII ; 10 brumaire an XIV ; D. 28 floréal an XIII ; 10 février, 3 juillet 1806 ; 25 janvier, 23 avril 1807 ; 17 mars 1808 ; O. 17 février 1815 ; 24 mars 1819 ; 5 juillet , 4 octobre 1820 ; 19 juin 1828 ; 29 septembre 1835 ; 9 août 1836 ; 29 juin 1838.)

30 ventôse an XII. — L. contenant la réunion des lois civiles sous le titre de *Code civil.*

————

BULLETIN DES LOIS. — 4me SÉRIE.

——

Empire.

——

28 floréal an XII. — *S.-C. organique.* (V. S.-C. 15 brumaire an XIII ; D. 21 messidor an XII ; 30 mars 1806 ; S.-C. 19 août 1807 ; 30 janvier 1810 ; 5 février 1813 ; 1er, 3, 6, 8, 11, 14 avril 1814 ; Acte additionnel 13 mars et 22 avril 1815.)

11 PRAIRIAL AN XII. — D. sur la *circonscription* des *succursales*. (V. D. 5 nivôse , 13 ventôse an XIII ; 30 septembre 1807.)

23 PRAIRIAL AN XII. — D. sur les *sépultures*. (V. L. 10 mai 1791 , A. 9 ; D. 4 thermidor an XIII ; 10 et 20 février , 18 mai 1806 ; 7 mars 1808 ; 18 août 1811 ; O. 5 mai 1830 ; 30 décembre 1838 ; 6 décembre 1843 ; C. P. A. 358 et suivants.)

24 MESSIDOR AN XII. — D. relatif aux *préséances* dans les *cérémonies publiques*. (V. Av. 5 brumaire an XIII ; D. 6 frimaire an XIII ; Av. 12 août 1807 ; D. 11 avril 1809 ; 1er juin 1813 ; Av. 1er juin 1813; 23 janvier 1814 ; O. 22 mai 1816.)

25 NIVÔSE AN XIII. —L. relative au *remboursement* des *cautionnements*. (V. L. 7 ventôse an VIII ; 6 ventôse an XIII ; D. 21 août , 18 septembre 1806 ; 24 mars 1809 ; O. 10 février 1815 ; 25 juin 1835.)

28 NIVÔSE AN XIII. — L. relative aux *consignations*. (V. Arr. 23 messidor an IX ; L. 28 avril 1816 ; O. 22 mai 1816.)

5 PLUVIÔSE AN XIII. — L. relative à la *diminution* des *frais de justice criminelle*. (V. Circulaire 6 brumaire an XIV ; D. 24 février 1806 ; L. 5 septembre 1807; D. 18 juin 1811 ; 7 avril 1813 ; Inst. Crim. A. 305.)

15 PLUVIÔSE AN XIII. — L. relative à la *tutelle* des *enfants admis dans les hospices*. (V. D. 19 janvier 1811.)

9 VENTÔSE AN XIII. — L. relative aux *plantations* des

routes et chemins. (V. Arr. du conseil 3 mai 1720 ;
D. 16 décembre 1811 ; L. 12 mai 1825 ; 28 juillet
1824 ; 21 mai 1836.)

15 VENTÔSE AN XIII. — D. sur l'*indemnité* à payer aux
maîtres de poste par les entrepreneurs de *messa-*
geries. (V. suprà L. 19 frimaire an VII ; V. D. 6
juillet 1806 ; O. 11 septembre 1822.)

1ᵉʳ GERMINAL AN XIII. — D. sur les *droits réunis.* (V.
Arr. 3 pluviôse an VI ; L. 5 ventôse an XII suprà ;
D. 14 fructidor an XII ; 25 messidor an XIII ; 1ᵉʳ
vendémiaire , 10 brumaire an XIV ; L. 24 avril
1806 , A. 37 et suivants ; D. 5 mai 1806 , A. 33
et suivants ; Av. 1ᵉʳ juin 1807 ; D. 21 décembre
1808 , A. 26 et suivants ; L. 8 décembre 1814 ,
A. 128 et suivants ; L. 28 avril 1816 ; O. 11 juin
1016 ; L. 25 mars 1817 , A. 123 et suivants ; O. 3
janvier 1821 ; 4 décembre 1822 , A 6 ; L. 15 juin
1835.)

1ᵉʳ GERMINAL AN XIII. — D. concernant les droits des
propriétaires d'*ouvrages posthumes.* (V. suprà L. 13
janvier 1791 ; D. 30 août 1792 ; V. D. 8 juin
1806.)

7 GERMINAL AN XIII. — D. sur l'*impression* des *livres*
d'église , d'heures et de prières. (V. Arr. Cass. 28
mai 1836.)

17 GERMINAL AN XIII. — Av. du Conseil d'État sur les
preuves admissibles du *décès des militaires.* (V. L.
13 janvier 1817.)

7*

25 GERMINAL AN XIII. — D. sur les *revues*, la *solde* et les *masses*. (V. suprà L. 26 fructidor an VII.)

7 FLORÉAL AN XIII. — D. relatif aux *comptes* à rendre par les *receveurs* des *établissements charitables*. (V. O. 21 mars 1816 ; 21 mai 1817 ; 31 mai 1838, Chapitre 21.)

4 PRAIRIAL AN XIII. — D. concernant les *contraventions* aux lois sur les *cartes*. (V. D. 16 juin 1808.)

18 PRAIRIAL AN XIII. — D. sur le mode de *remplacement* des *secrétaires généraux de préfectures*. (V. L. 28 pluviôse an VIII, A. 7 ; O. 9 avril 1817 ; 1er août 1820 ; 1er mai 1832.)

25 PRAIRIAL AN XIII. — D. sur la *vente* et l'*annonce* de *remèdes secrets*. (V. L. 21 germinal an XI, A. 36 ; D. 18 août et 26 décembre 1810 ; Av. 9 avril 1811.)

4 THERMIDOR AN XIII. — Av. du Conseil d'Etat sur les *formalités* relatives au *mariage*. (V. C. C. A. 63.)

4 THERMIDOR AN XIII. — D. relatif aux autorisations des *officiers de l'état civil* pour les *inhumations*. (V. C. P. A. 358 et suivants.)

8 THERMIDOR AN XIII. — D. portant *règlement* sur les opérations du *mont-de-piété* de Paris. (V D. 24 messidor an XII ; D. 30 juin 1806 ; Av. 12 juillet 1807 ; L. 8 mars 1851.)

13 THERMIDOR AN XIII. — D. relatif aux *déclarations de transferts de rentes* cinq pour cent. (V. L. 28 floréal an VII ; Arr. 27 prairial an X ; L. 24 mars 1806.)

17 THERMIDOR AN XIII. — D. sur la peine de la *récidive* contre les *forçats*. (V. D. 19 ventôse an XIII ; 17 juillet 1806.)

22 FRUCTIDOR AN XIII. — S.-C. sur le *rétablissement* du *calendrier grégorien.* (V. D. 5 octobre 1793 ; L. 4 frimaire an II.)

4me JOUR COMPLÉMENTAIRE AN XIII. — Av. du Conseil d'Etat sur les *formalités* pour le *mariage des militaires.* (V. D. 16 juin 1808; Av. 21 décembre 1808.)

8 VENDÉMIAIRE AN XIV. — D. relatif à la *fabrication* des *armes.*

8 VEFDÉMIAIRE AN XIV. — Av. du Conseil d'Etat sur les *soins donnés par les prêtres* à leurs paroissiens malades. (V. L. 19 ventôse an XI , A. 35.)

10 BRUMAIRE AN XIV. — D. relatif aux *constructions et réparations des bâtiments* des *hospices.*

17 FRIMAIRE AN XIV. — D. sur le *jugement des délits* commis par les *prisonniers de guerre.*

21 FRIMAIRE AN XIV. — D. sur la *police des théâtres.* (V. suprà D. 13 janvier 1791.)

30 FRIMAIRE AN XIV. — Av. du Conseil d'Etat sur le *payement* de lettres de change en *billets de banque.*

2 NIVÔSE AN XIV. — D. qui interdit le port des *fusils* et *pistolets à vent.*

4 JANVIER 1806. — Av. sur la *compétence* en matière de *délits de chasse* par des *militaires.*

10 FÉVRIER 1806. — D. sur les *vacances* des *tribunaux.* (V. L. 17 septembre 1791 ; 21 fructidor an IV.)

18 MARS 1806. — L. sur l'établissement d'un

conseil de prudhommes à Lyon. (V. D. 3 juillet 1806.)

30 AVRIL 1806. — L. sur les *douanes*. (V. suprà D. 6 août 1791 ; V. D. 19 thermidor an IV.)

5 MAI 1806. — D. relatif au logement des ministres et à l'*entretien* du *culte protestant*.

10 MAI 1806. — L. relative à la formation de l'*Université*. (V. D. 16 mars 1808.)

18 MAI 1806. — L. sur le *service* dans les *églises* et les *convois* funèbres. (V. D. 23 prairial an XIII.)

11 JUIN 1806. — D. sur les rapports entre la *gendar- merie* et les *gardes champétres*.

11 JUIN 1806. — D. concernant les *sels*. (V. L. 24 avril 1806.)

23 JUIN 1806. — D. concernant le *poids des voitures* et la *police du roulage*. (V. suprà L. 29 floréal an X ; V. L. 7 ventôse an XII ; O. 23 avril 1834 ; 15 février 1837 ; 5 octobre 1843 ; 2 octobre 1844 ; 29 octobre 1845 ; D. 1er octobre 1849 ; L. 12 avril 1851.)

23 JUIN 1806. — D. concernant les *placements de fonds* dans les *établissements charitables*.

24 JUIN 1806. — D. qui *prohibe* les *maisons de jeux de hasard*. (V. L. 18 juillet 1826, A. 10 ; C. P. A. 410.)

30 JUIN 1806. — D. sur les *attributions* des 5me et 6me sections du *tribunal de la Seine*. (V. Règl. 6 floréal an X ; D. 18 août 1818 ; O. 1er août 1821 ; 13 juillet 1837.)

4 JUILLET 1806. — D. sur la rédaction de l'acte de *présentation d'un enfant sans vie*. (V. C. C. A. 55 et suivants.)

4 JUILLET 1806. — D. concernant les *haras*. (V. L. 28 janvier 1790 ; 2 germinal an III ; 21 avril 1806 ; O. 16 janvier 1825 ; 10 décembre 1833 ; 26 octobre 1840.)

4 AOUT 1806. — D. sur les heures auxquelles la *gendarmerie* peut pénétrer dans les *domiciles*. (V. O. 29 octobre 1820 , A. 184.)

9 AOUT 1806. — D. sur la *mise en jugement* des *agents de l'autorité*. (V. Const. 22 frimaire an VIII , A. 75 ; D. 31 juillet 1806.)

21 AOUT 1806. — D. sur la délivrance des *certificats de vie* par les *notaires*. (V. D. 23 septembre 1806 ; O. 20 juin 1817 ; 6 juin 1839.)

12 NOVEMBRE 1806. — D. sur l'organisation des *tribunaux maritimes*. (V. suprà D. 21 août 1790 ; Av. 20 novembre 1806 ; 25 mars 1811 ; D. 16 nivôse an II ; 12 mars 1848.)

21 NOVEMBRE 1806. — D. qui déclare les *Iles Britanniques* en état de *blocus*. (V. D. 23 novembre , 17 décembre 1807 ; 11 janvier 1808.)

12 DÉCEMBRE 1806. — D. contenant *règlement* sur le *pilotage*. (V. O. 1681 , Titre 4 , Livre 2 ; 25 mars 1765 , Titre 70 ; L. 21 août 1790 ; 29 avril 1791 , A. 10 et 11 ; 30 juillet 1791 , Titre 5 ; 20 juin 1792 ; 17 mai 1793 ; 3 brumaire an IV , A. 13 et suivants ; O. 27 août 1828 ; 26 juillet 1829 ; 13

septembre 1829 ; 31 août 1830 ; 11 juin , 1ᵉʳ juillet , 17 novembre 1831 ; 18 septembre 1832 ; 26
juillet 1833 ; 24 octobre 1834 ; 11 octobre 1836 ;
7 avril , 11 juillet , 27 octobre 1837 ; 10 août
1841 ; 9 mars 1842.)

16 FÉVRIER 1807. — D. relatif à la *liquidation* des *dépens (tarif)*. (V. O. 10 octobre 1841 ; C. Pr. A.
543.)

2 MARS 1807. — Décision du grand Sanhédrin sur les
Juifs. (V. L. 28 janvier , 20 juillet 1790 ; 27 septembre 1791 ; Arr. 1ᵉʳ prairial an X ; D. 10 févaier
1806; Instr. 26 novembre 1806; D. 30 mai 1806 ;
17 mars, 20 juillet, 19 octobre 1808; 9 février 1811;
O. 29 juin 1819; 20 août 1823; 19 juillet 1841.)

25 MARS 1807. — Av. sur l'*entretien* du pavé des *rues*
non grandes routes. (V. Arr. Cass. 17 mars 1838.)

23 AVRIL 1807. — Av. sur les *parentés et alliances* dans
l'*ordre judiciaire*. (V. L. 20 avril 1810 , A. 63.)

1ᵉʳ JUIN 1807. — Av. sur le mode de procéder en matière d'*hypothèque légale* dispensée d'*inscription*.

12 JUILLET 1807. — D. concernant les *droits à percevoir*
par les *officiers de l'état civil.*)

20 JUILLET 1807. — Av. sur le mode de *partage* de *biens
communaux indivis*. (V. Av. 26 avril 1808.)

20 JUILLET 1807. — D. concernant les *tables décennales*
de l'*état civil*.

29 JUILLET 1807. — D. sur les *théâtres*. (V. Règl. 25
avril 1807 ; D. 8 juin 1806 ; L. 9 septembre 1835.)

12 AOUT 1807. — D. sur le *mode d'acceptation* des *dons*

et legs faits *aux communes ou fabriques.* (V. Arr. 4 pluvióse an XII.)

12 AOUT 1807. — D. sur les *baux à ferme* des *hospices* ou *établissements d'instruction publique.* (V. O. 7 octobre 1818.)

18 AOUT 1807. — D. prescrivant des *formalités* pour les *saisies-arrêts* entre les mains des *comptables.*

18 AOUT 1807. — Av. sur les *expéditions* d'*actes administratifs.*

3 SEPTEMBRE 1807. — L. sur le taux de l'*intérêt de l'argent.* (V. D. 15 et 18 janvier 1814.)

5 SEPTEMBRE 1807. — L. relative aux *droits du trésor public* sur les *biens des comptables.* (V. D. 11 messidor an III ; L. 11 brumaire , 21 ventôse , 6 messidor an VII ; L. 5 septembre 1807 ; Av. 25 février 1808.)

11 SEPTEMBRE 1807. — L. relative aux *pensions* des *grands fonctionnaires.* (V. L. 11 fructidor an III ; 29 janvier 1831 ; O. 11 décembre 1831 ; V. suprà D. 3 août 1790.)

15 SEPTEMBRE 1807. — L. relative au *budget de l'État (cadastre).* (V. L. 21 août, 16 septembre 1791 ; 21 mars 1793.)

16 SEPTEMBRE 1807. — L. déterminant les cas où il y a lieu à *interprétation de la loi.* (V. L. 30 juillet 1828 ; 1er avril 1837.)

16 SEPTEMBRE 1807. — L. portant *création* de la *Cour des comptes.* (V. L. 17 septembre 1791 ; 8 et 29 février 1792 ; D. 28 septembre 1807 ; 4 janvier

1808 ; 27 mars , 21 juin 1809 ; O. 25 et 29 juillet ,
7 octobre 1814 ; 27 février , 30 septembre , 15 octobre 1815 ; L. 25 mars 1817 ; O. 21 mai , 18 novembre 1817 ; L. 14 juillet 1819 , A. 9 ; O. 1ᵉ
septembre 1819 ; 8 novembre 1820 ; 8 juin 1821 ;
14 septembre 1822 ; 9 septembre , 10 décembre
1823 ; 16 juin 1824 ; 9 juillet 1826 ; 1ᵉʳ septembre
1827 ; 28 décembre 1830 ; 21 août 1834 ; 28 février 1842.)

2 OCTOBRE 1807. — D. concernant les *magistrats* at-
teints d'*infirmités* donnant lieu à la *retraite*. (V. L.
16 juin 1824.)

22 JANVIER 1808. — Av. sur la *durée des inscriptions
d'office* ou d'*hypothèque légale*.

22 JANVIER 1808. — D. sur les *chemins de halage*. (V.
O. 1669, Titre 28 , A. 7 ; L. 15 mars 1790, Titre
2 , A. 13 ; Arr. 18 ventôse an V ; L. 29 floréal an
X ; O. 26 août 1818 ; C. C. A. 556 et 650.)

19 FÉVRIER 1808. — S.-C. sur l'admissibilité des *étrangers* aux droits de *citoyen français*. (V. L. 30 avril
1790 ; Const. 3 septembre 1791 , Titre 2 , A. 2 et
3 ; 24 juin 1793 , A. 4 et suivants ; 5 fructidor an
III , A. 8 et suivants ; 22 frimaire an VIII , A. 2
et suivants ; C. C. A. 7 et suivants ; D. 17 mars ,
6 avril 1809 ; 26 août 1811 ; Av. 21 janvier , 22
mai 1812 ; D. 31 juillet 1812 ; 13 août 1813 ; O.
4 juin 1814 ; L. 14 octobre 1814 ; O. 31 juillet
1815 ; L. 20 juillet 1837 , A. 12.)

1ᵉʳ MARS 1808. — D. concernant les *titres* et *majorats*.

(V. suprà D. 19 juin 1790 ; V. D. 24 juin , 28
octobre , 21 décembre 1808 ; 2 février , 4 et 17
mai , 4 juin 1809 ; 3 mars , 14 mai 1810 ; Av. 25
et 30 janvier 1811 ; D. 6 et 11 juin 1811 ; 24
août , 22 décembre 1812 ; 4 juillet , 11 novembre
1813 ; 13 mars 1815 ; O. 7 juin 1815 ; *L.* 12 *mai*
1835 ; Const. 1848 , A. 10.)

4 MARS 1808. — Av. sur la transcription des *jugements
de rectification* des actes de l'*état civil*.

14 MARS 1808. — D. concernant les *gardes du commerce*.

16 MARS 1808. — D. portant création d'un corps de
juges auditeurs près les cours d'appel. (V. L. 20
avril 1810 , A. 12 et 13 ; D. 18 août 1810 , A. 14
et 15 ; 22 mars 1813 ; O. 19 novembre 1823 , A.
9 ; *L.* 10 *décembre* 1830.)

17 MARS 1808. — D. portant *organisation* de l'*Université.* (V. D. 29 frimaire an II ; 19 vendémiaire ,
29 brumaire an III ; 3 brumaire an IV ; 11 floréal
an X ; 21 prairial an XI ; 19 vendémiaire an XII ;
suprà L. 10 mai 1806 ; 17 septembre 1808 ; 11
décembre 1808 ; 17 février , 4 juin , 31 juillet
1809 ; 15 novembre 1811 ; 12 septembre , 15 novembre 1811 ; O. 22 juin 1814 ; 17 février 1815 ;
27 février 1821 ; 26 août 1824 ; 16 août 1828 ;
24 août 1830 ; 29 août 1831 ; L. 24 mai 1834 ,
A. 8 ; L. 28 juin 1833 ; *L.* 19 *janvier* 1850.)

30 MARS 1808. — D. contenant règlement pour la *dis-*

cipline des *cours et tribunaux.* (V. L. 20 avril 1810;
D. 6 juillet , 18 août 1810.)

30 MARS 1808. — Av. sur les cas où la *rectification* des
registres de l'*état civil* n'est pas nécessaire.

7 MAI 1808. — Av. et Décision sur les *dispenses de
mariage* entre le grand-oncle et la petite nièce. (V.
Arr. 20 prairial an XI.)

16 JUIN 1808. — D. relatif à la *fabrication ,* à la *culture*
et à la *vente* des *tabacs.* (V. suprà L. 22 brumaire
an VII ; D. 12 janvier 1811 ; L. 24 décembre 1814.)

16 JUIN 1808. — D. concernant les *cartes à jouer.* (V.
suprà Arr. 3 pluviôse an VI.)

16 JUIN 1808. — D. concernant le *mariage des militaires* et les *autorisations* nécessaires. (V. D. 3 et
28 août 1808 ; Av. 21 décembre 1808.)

16 JUIN 1808. — D. sur le mode de *remplacement* des
conseillers de préfecture. (V. Arr. 19 fructidor an
IX.)

16 JUIN 1808. — D. sur l'établissement des *maisons
centrales* de *détention.*

5 JUILLET 1808. — D. sur l'*extirpation* de la *mendicité.*
(V. L. 24 vendémiaire an II ; D. 22 décembre
1808 ; A. 274 et suivants C. P.)

28 AOUT 1808. — D. prescrivant des *formalités* pour
l'acquisition de *privilége* sur les *cautionnements.*
(V. L. 25 nivôse , 6 ventôse an XIII ; D. 22 décembre 1813 ; L. 28 avril 1816 , Titre 9 ; Arr.
Cass. 19 juillet 1842.)

11 SEPTEMBRE 1808. — D. sur la *comptabilité* de la *caisse*

d'amortissement. (V. D. 22 octobre 1808 ; L. 28 avril 1816 ; O. 22 mai 1816.)

12 NOVEMBRE 1808. — L. relative au *privilége du trésor* pour le *recouvrement des contributions directes*.

11 DÉCEMBRE 1808. — D. concernant les *boissons*. (V. L. 25 novembre 1808 ; 8 décembre 1814 ; 28 avril 1816.)

18 FÉVRIER 1809. — D. relatif aux *congrégations ou maisons hospitalières* de *femmes*. (V. D. 18 août 1792 ; L. 24 mai 1825.)

.er AVRIL 1809. — Av. sur les associations de la nature des *tontines*. (V. Av. 15 octobre 1809 ; 18 novembre 1810 ; O. 7 octobre 1818 ; 14 novembre 1821.)

1 AVRIL 1809. — D. concernant les *élèves* des *séminaires*.

.7 MAI 1809. — Règl. sur les *octrois municipaux* et de *bienfaisance*. (V. L. 5 ventôse an VIII ; Av. 11 décembre 1813 ; 15 pluviôse an X ; L. 8 décembre 1814 ; 28 avril 1816 , Titre 2.)

1 JUIN 1809. — D. contenant *règlement* sur les *conseils de prud'hommes*. (V. D. 20 février, 3 août, 5 septembre 1810 ; 22 décembre 1812 ; O. 21 juin 1833.)

8 JUIN 1809. — Av. sur la *compétence* en matière d'usurpation de *biens communaux*. (V. O. 23 juin 1819.)

1 OCTOBRE 1809. — D. sur *l'organisation* des *tribunaux de commerce*. (V. D. 18 novembre

1810 ; C. Comm. A. 615 et suivants ; L. 3 mars 1840.)

16 DÉCEMBRE 1809. — S.-C. portant *dissolution du mariage de Napoléon* avec *Joséphine.*

8 JANVIER 1810. — D. relatif aux *évasions* des détenus dans les *hôpitaux.* (V. L. 4 vendémiaire an VI.)

5 FÉVRIER 1810. — D. contenant *règlement* sur *l'imprimerie* et la *librairie.* (V. D. 18 novembre 1810 ; 2 février, 29 avril, 3 juin, 12 septemtembre, 14 octobre 1811 ; 11 juillet 1812 ; Arr. 7 avril 1814 ; O. 10 juin 1814 ; L. 21 octobre 1814 , Titre 2 ; O. 23 , 24 octobre 1814 ; D. 24 mars 1815 ; 26 mars , 11 mai 1815 ; O. 13 septembre 1829.)

14 FÉVRIER 1810. — L. relative aux revenus des *fabriques des églises.* (V. suprà Arr. 7 thermidor an XI ; V. D. 19 août 1792 ; L. 14 février 1810 ; Av. 22 février 1813 ; D. 26 décembre 1813 ; L. 2 janvier 1817 ; O. 12 janvier 1825 ; L. 18 juillet 1837.)

25 FÉVRIER 1810. — D. qui déclare *loi de l'Empire* la *déclaration du clergé de* 1682. (V. S.-C. 17 février 1810.)

28 FÉVRIER 1810. — D. contenant des dispositions relatives aux lois *organiques* du *concordat.* (V. L. 18 germinal an X ; D. 13 février 1813.)

3 MARS 1810. — D. concernant le *siège* des ma-

jorats et les *dotations*. (V. suprà D. 1ᵉʳ mars
1808.)

3 MARS 1810. — D. concernant les *prisons d'Etat*.
(V. S.-C. 28 floréal an XII , A. 60.)

8 MARS 1810. — L. sur les *expropriations* pour
cause *d'utilité publique*. (V. L. 16 septembre
1807 ; 1ᵉʳ mai , 26 décembre 1790 ; 4 pluviôse
an VI ; Arr. 23 frimaire an X ; L. 8 mars
1810 ; 7 juillet 1833 ; 3 *mai* 1841.)

20 AVRIL 1810. — L. sur l'*organisation* de l'ordre
judiciaire et l'administration de la justice. (V.
suprà D. 31 mars 1790 ; V. S.-C. 6 floréal
an X , Titres 4 et 13 ; Arr. 29 thermidor an XI ;
D. 20 juin 1806 ; 6 octobre 1809 ; O. 16 octobre 1822 ; 28 mai 1823 ; 22 mai 1825 ; O.
8 septembre 1839 ; L. 3 mars 1840 ; O. 20
août 1840.)

16 MAI 1810. — D. sur le mode de *payement* de la *solde
et des masses de l'armée*. (V. suprà D. 25 germinal
an XIII ; V. D. 30 décembre 1810.)

6 JUILLET 1810. — D. sur l'*organisation* et le service
des *cours d'appel et d'assises*. (V. L. 20 avril 1810
suprà ; D. 29 avril 1811 ; Av. 10 janvier 1813.)

19 JUILLET 1811. — D. contre les individus convaincus
de se livrer à la *postulation*. (V. L. 27 ventôse an
VIII ; Arr. 18 fructidor an VIII.)

3 AOUT 1810. — D. relatif aux *journaux des départements*. (V. D. 26 septembre 1811.)

18 AOUT 1810. — D. sur la *constatation des délits* de

grande voirie et de *police du roulage*. (V. suprà D.
23 juin 1806.)

18 AOUT 1810. — D. sur l'*organisation* des *tribunaux
de première instance et de simple police*. (V. suprà
L. 20 avril 1810.)

3 OCTOBRE 1810. — D. concernant les *domestiques* à
Paris. (V. D. 25 septembre 1813.)

15 OCTOBRE 1810. — D. sur les *manafactures* et *ateliers
insalubres* ou incommodes. (V. D. 15 octobre
1810 ; Av. 7 novembre 1811 ; 5 avril 1813 ;
O. 14 janvier 1815 ; 29 juillet 1818 ; 8 juin 1822 ;
25 juin et 29 octobre 1823 ; 20 août 1824 ; 9 février 1825 ; 5 novembre 1826 et 20 septembre
1828.)

14 DÉCEMBRE 1810. — D. sur la *profession d'avocat* et la
discipline du barreau. (V. D. 3 octobre 1811 ; O.
20 novembre 1822 , A. 45 ; 27 août 1830.)

12 JANVIER 1811. — Av. portant que les *officiers disponibles* sont justiciables des *tribunaux ordinaires*. (V.
Av. 4 janvier 1806 ; 7 fructidor an XII.)

30 janvier 1811. — D. sur les *dépenses* de l'*ordre judiciaire*. (V. Arr. 23 brumaire an IV ; L. 27 ventôse
an VIII ; D. 20 juin 1806 ; 18 juin, 23 février
1811.)

2 FÉVRIER 1811. — D. sur la *procédure* en matière de
saisie immobilière. (V. L. 2 juin 1841.)

27 FÉVRIER 1811. — D. sur les *soldes de retraite et
pensions*. (V. D. 19 octobre 1811.)

27 FÉVRIER 1811. — D. sur la *comptabilité* des receveurs *des communes*. (V. L. 18 juillet 1837.)

27 FÉVRIER 1811. — D. sur le *logement* et les *honneurs*
dus au *président des assises*. (V. Av. 1er juin 1811 ;
13 octobre 1812.)

8 MARS 1811. — D. affectant des *emplois civils* aux *militaires retraités*. (V. D. 19 octobre 1811.)

25 MARS 1811. — D. contenant règlement sur la *police
de l'Empire*.

26 MARS 1811. — D. sur la *sépulture des cardinaux*.
(V. suprà D. 23 prairial an XII.)

2 MAI 1811. — D. sur les *bourses* dans les lycées. (V.
suprà D. 5 mai 1793 ; L. 27 novembre 1848 ; Règl.
25 juillet 1849.)

19 MAI 1811. — Av. sur le mode de *payement* du *traitement des vicaires*.

25 MAI 1811. — D. relatif aux *juges suppléants* du *tribunal de la Seine*. (V. D. 7 juillet 1811 ; L. 28
avril 1841 , A. 2.)

3 JUIN 1811. — D. fixant le *rang des auditeurs* au conseil d'Etat dans les *cérémonies*.

6 JUIN 1811. — D. réglant le mode de jouissance des
marais communaux. (V. Av. 20 juillet 1807 ; D. 25
février 1808.)

25 JUILLET 1811. — L. relative à la *société de charité
maternelle*. (V. O. 31 octobre 1814.)

4 AOUT 1811. — D. relatif aux *travaux des routes* traversant des *fortifications*.

13 AOUT 1811. — D. assujétissant les *théâtres de Paris* à une *redevance* envers l'académie de musique.

26 AOUT 1811. — D. concernant les *français naturalisés* en pays étrangers. (V. Av. 9 décembre 1811 ; 21 janvier, 22 mai 1812 ; D. 31 juillet 1812; (O. 4 juin 1814.)

23 OCTOBRE 1811. — D. sur la *demande d'extradition* de *Français prévenus de crimes*. (V. Circulaire du Ministre de la justice 5 avril 1841.)

17 NOVEMBRE 1811. — D. relatif au *remplacement* des *titulaires de cures* en cas d'absence ou maladie.

22 NOVEMBRE 1811. — D. autorisant les *courtiers de commerce* à faire des *ventes publiques de marchandises*. (V. D. 17 avril 1812 ; O. 9 avril 1819 ; L. 25 juin 1841 , A. 6.)

30 NOVEMBRE 1811. — D. relatif à la *subordination* des *officiers de santé militaires*.

9 DÉCEMBRE 1811. — D. déterminant les limites pour *constructions* autour des *places de guerre*. (V. D. 14 décembre 1811 ; L. 17 juillet 1819 ; O. 1er août 1821 .)

24 DÉCEMBRE 1811. — D. relatif aux *états-majors* des *places*. (V. L. 8 juillet 1791 ; Arr. 16 messidor an VII ; 26 germinal an VIII ; L. 29 mars 1806 ; D. 1er mai 1812 ; L. 17 juillet 1819 ; L. 10 fructidor an V suprà.)

15 JANVIER 1812. — D. concernant la *fabrication* des *sucres de betteraves*.

8 FÉVRIER 1812. — D. chargeant l'administration des

droits réunis de la *perception* des *octrois*. (V. suprà L. 5 ventôse an VIII.)

24 MARS 1812. — Av. sur l'*exécution des arrêtés* fixant les *débets des comptables des communes*. (V. suprà L. 5 septembre 1807 ; V. O. 28 janvier 1815; L. 18 juillet 1837.)

10 AVRIL 1812. — D. appliquant aux *canaux , rivières et ports* le décret sur la *construction* et l'*entretien* des routes.

17 AVRIL 1812. — D. sur la *comptabilité* de la *marine*. (V. suprà D. 29 avril 1791 ; V. D. 2 brumaire an IV ; 11 prairial an V ; 15 pluviôse an X.)

1er MAI 1812. — D. qui détermine les cas et le *mode* de *capitulation*. (V. Av. 22 septembre 1812.)

4 MAI 1812. — D. relatif à la *circulation des grains* et à la *police des marchés*. (V. L. 7 vendémiaire , 3 brumaire an IV ; 21 prairial an V ; D. 8 mai 1812; Arr. Cass. 12 avril 1834.)

4 MAI 1812. — D. relatif aux *citations en témoignage* des *ministres* et *principaux fonctionnaires*. (V. D. 7 pluviôse an II ; L. 20 thermidor an IV ; Arr. 7 thermidor an IX ; Arr. Cass. 29 septembre 1842.)

8 MAI 1812. — Av. sur le *mode de purger* les *hypothèques légales*.

15 JUIN 1812. — D. relatif à la *durée de jouissance* du *traitement de réforme*. (V. suprà L. 28 fructidor an VII.)

2 JUILLET 1812. — D. sur la *plaidoirie* dans les *cours et tribunaux*. (V. D. 14 décembre 1810 ; L. 22 ventôse an XII ; O. 27 février , 20 novembre 1822.)

11 JUILLET 1812. — D. réglant la *forme et les conditions* des *échanges avec le domaine de la Couronne*.

11 JUILLET 1812. — D. relatif à la *caisse des employés ou artisans*. (V. L. 8 mars 1850.)

11 JUILLET 1812. — D. sur les *brevets des libraires et imprimeurs*. (V. D. 2 février 1811 ; suprà 5 février 1810.)

24 AOUT 1812. — D. relatif au *traitement des receveurs municipaux*.

24 AOUT 1812. — D. chargeant la régie des *droits réunis* de la recherche des *poudres clandestines*.

1er SEPTEMBRE 1812. — D. relatif au *recrutement de l'armée*. (V. suprà D. 19 fructidor an VI.)

21 SEPTEMBRE 1812. — D. réglant les *attributions* du *ministère de l'intérieur*. (V. suprà D. 27 avril 1791.)

15 OCTOBRE 1812. — D. sur l'*organisation* du *théâtre français*. (V. L. 13 janvier 1791 ; 16 janvier 1793; D. 21 frimaire an XIV ; 8 juin 1806 ; Arr. 25 avril , 29 juillet 1807.)

22 DÉCEMBRE 1812. — D. relatif à l'*autorisation* de chapelles *domestiques et oratoires particuliers*. (V. D. 26 juin 1813 ; Av. 6 novembre 1813.)

22 DÉCEMBRE 1812. — D. sur l'organisation de la *commission mixte* des *travaux publics*. (V. O. 27 février 1815 ; 18 septembre 1816.)

22 DÉCEMBRE 1812. — D. autorisant une *marque de fabrique* pour les *manufactures de draps*.

10 JANVIER 1813. — D. relatif à l'application aux *prêtres infirmes* du sixième du *produit des chaises dans les églises*. (V. D. 13 thermidor an XIII ; 7 février 1813.)

15 JANVIER 1813. — D. sur *l'enseignement et l'exercice de l'art vétérinaire*.

22 JANVIER 1813. — Av. qui prescrit le *renvoi* des *conflits d'attribution* au *comité du contentieux*. (V. O. 1er juin 1828 ; Const. 1848 A. 89.)

25 JANVIER 1813. — D. prescrivant une *retenue de traitement* pour fonder la *caisse de retraite* des *préposés aux ponts à bascule*.

31 JANVIER 1813. — D. qui donne aux *Préfets l'ordonnancement des salaires des gardes communaux*. (V. Arr. 17 nivôse an XII ; D. 22 mars 1806 ; C. forestier A. 98, 108 et 109.)

31 JANVIER 1813. — D. relatif aux *travaux à faire sur des parties de route* traversant des *fortifications*. (V. D. 4 août 1811.)

5 FÉVRIER 1813. — S.-C. *organique* concernant la *régence de l'Empire*. (V. lettres-patentes 30 mars 1813 ; 23 janvier 1814.)

13 FÉVRIER 1813. — Publication du *concordat de Fontainebleau* comme *loi de l'Empire*. (V. suprà L. 18 germinal an X ; V. D. 25 mars 1813 ; O. 29 juin 1814 ; 12 mars 1831.)

1er MARS 1813. — D. sur la *distribution du service*

du *ministère public près la Cour de cassation.*
(V. Arr. 4 prairial an VIII ; O. 15 février
1815.)

20 MARS 1813. — L. sur les *finances.* (V. Av. 7
juillet 1813 ; D. 6 novembre 1813 ; O. 6 juin,
L. 23 septembre 1814 ; O. 26 décembre 1814 ;
L. 28 avril 1816 , A. 15.)

22 MARS 1813. — L. sur les *conseillers-auditeurs*
et *juges-auditeurs.* (V. D. 16 mars 1808 suprà.)

8 AVRIL 1813. — D. autorisant les *grands officiers
de la couronne ,* accompagnant l'Empereur , à
prendre séance au *Conseil d'Etat.*

14 JUIN 1813. — D. sur le mode *d'exécution des
grâces* en faveur des *condamnés* par les *tribunaux
militaires.*

14 JUIN 1813. — D. sur l'organisation et le service des huissiers. (V. suprà Arr. 22 thermidor
an VIII ; V. L. 21 juillet , 18 octobre 1790 ;
L. 6 mars 1791 ; 17 septembre 1793 ; Arr. 29
fructidor an III ; 6 fructidor an IV ; 27 nivôse
an V ; L. 13 brumaire , 22 frimaire , 21 ventôse an VII , A. 3 ; 27 ventôse an VIII , A.
96 et 97 ; Arr. 22 thermidor , L. 28 floréal an
X ; Arr. 18 thermidor an XI ; L. 5 pluvôse
an XIII ; Av. 5 ventôse an XIII ; D. 16 février 1807 ; 30 mars 1808, Art. 94 et suivants ;
24 mars 1809 ; 6 juillet 1810 , A. 116 et suivants ; Av. 6 juillet 1810 ; D. 18 juin 1811 ;

29 août 1813 ; 23 décembre 1814 ; L. 28 avril 1816, A. 88 et 91 ; O. 9 octobre 1816 ; 20 août 1817 ; 17 janvier 1820 ; 26 juin 1822 ; 26 août 1829 ; 6 octobre 1832 ; L. 25 mai 1838.)

6 NOVEMBRE 1813. — Av. relatif aux *demandes en érection* de *chapelles*.

6 NOVEMBRE 1813. — D. sur la *conservation* et *administration* des *biens du clergé*. (V. L. 24 novembre 1789 ; 20 avril 1790 ; 6 mars 1791 ; L. 18 germinal an X suprà ; D. 30 décembre 1809.)

15 MARS 1814. — D. qui accorde une *indemnité* aux *desservants* chargés de *deux succursales*. (V. O. 6 novembre 1814 ; D. 4 mai 1815 ; O. 5 juin 1816 ; 9 avril 1817.)

BULLETIN DES LOIS. — 5me SÉRIE.

Première restauration.

1er AVRIL 1814. — S.-C. nommant un *Gouvernement provisoire* chargé de rédiger un *projet de constitution*. (V. adresses 2 , 4 et 11 avril 1814 ; S.-C. 3 avril 1814 ; Const. 6 avril 1814 ; *Abdication* 11 avril 1814 ; Arr. 13 et 14 avril 1814.)

2 MAI 1814. — *Déclaration du Roi* contenant les *bases de la Charte constitutionnelle*. (V. Proclamation 6 , 9 et 10 mai 1814.)

12 MAI 1814. — D. sur l'*organisation de l'armée française*. (V. O. 15 , 16 et 18 mai , 21 juin , 11 juillet et 12 septembre 1814 ; 6 et 23 mars , 16 juillet , 3 , 15 , 30 et 31 août , 6 , 18 , 22 et 23 septembre , 23 octobre 1815 ; 14 août 1816.)

23 MAI 1814. — O. sur le *rétablissement* des *gardes du corps*. (V. O. 15 juin et 15 juillet 1814 ; 25 septembre , 14 , 25 , 31 décembre 1815 ; 1er janvier 1816 ; 30 décembre 1818 ; 21 et 28 avril 1819 ; 21 mars et 13 juin 1821.)

30 MAI 1814. — *Traité de paix* entre le Roi et les Puissances alliées. (V. O. 27 juin , 18 et 21 août 1814; Traité 26 septembre , 20 novembre 1815.)

4 JUIN 1814. — *Charte constitutionnelle*. (V. O. 4 juin 1814.)

10 JUIN 1814. — O. sur les *autorisations* nécessaires aux *établissements publics* pour accepter des *fondations*. (V. Arr. 4 pluviôse an XII ; D. 12 août 1807 ; 30 décembre 1809 ; L. 2 janvier 1817 ; O. 2 avril 1817 ; L. 24 mai 1825.)

29 JUIN 1814. — O. sur l'*organisation* du *Conseil d'Etat*. (V. suprà Règl. 5 nivôse an VIII ; O. 5 juillet 1814; 22 août 1815 ; 19 avril 1817.)

2 JUILLET 1814. — *Règlement* intérieur de la *chambre des Pairs*. (V. Res. 7 mai 1828 ; 7 septembre 1830 ; 19 juin 1833.)

15 juillet 1814. — O. portant création d'une *commission du sceau.* (V. D. 1er mars 1808 , A. 11 ; 14 octobre 1811 ; 8 octobre, 26 décembre 1814 ; 8 mars , 9 décembre 1815 ; 27 mars 1816 ; L. 28 avril 1816 , A. 55 ; O. 12 mars 1817 ; 28 février 1823 ; 31 octobre 1830.)

30 juillet 1814. — O. portant *rétablissement* de l'ancienne *école militaire.* (V. O. 23 septembre 1814 ; 6 septembre 1815.)

8 aout 1814. — O. sur la *discipline militaire.* (V. O. 1er avril 1818.)

13 aout 1814. — Règl. sur les *rapports du Roi avec les chambres.* (V. Règl. 25 juin , 2 juillet 1814 ; 23 août 1830 ; 28 janvier 1839.)

14 aout 1814. — O. sur les *pensions et secours* aux *veuves* et *orphelins de militaires.* (V. suprà D. 4 juin 1793 ; O. 16 octobre 1822.)

27 aout 1814. — O. fixant la *solde de retraite* dans l'*armée.* (V. O. 30 août, 2 septembre 1814 ; O. 1er août 1815 ; Instruction 4 septembre 1815 ; suprà D. 3 août 1790 ; 8 floréal an XI.)

26 septembre 1814. — D. concernant les anciennes *armoiries des villes et communes.* (V. O. 8 juillet , 26 décembre 1814.)

27 septembre 1814. — O. concernant les *établissements d'éducation* des *orphelines de la Légion-d'honneur.* (V. suprà L. 29 floréal an X ; O. 8 octobre 1814 ; 16 mai 1816.)

14 OCTOBRE 1814. -- L. relative à la *naturalisation des étrangers.* (V. O. 4 juin 1814.)

21 OCTOBRE 1814. -- L. sur la *liberté de la presse.* (V. O. 10 juin , 23 , 24 octobre 1814 ; 20 juillet , 8 août , 9 novembre 1815 ; 28 février , 8 octobre , 20 décembre 1817 ; V. suprà L. 28 germinal an IV.)

18 NOVEMBRE 1814. — L. relative à la *célébration* des *fêtes et dimanches.* (V. Arr. Cass. 23 juin 1838.)

25 NOVEMBRE 1814. — O. sur l'*établissement* des *hôpitaux militaires.* (V. O. 1er octobre 1814.)

28 NOVEMBRE 1814. — O. concernant l'*institution* de l'*ordre du Merite militaire.* (V. O. 16 janvier 1815.)

2 DÉCEMBRE 1814. — L. relative à l'*exportation* des *grains , farines et légumes.* (V. O. 18 décembre 1814 ; 3 mars et 3 août 1815.)

12 DÉCEMBRE 1814. — O. prescrivant la formation d'une caisse pour *dotation* des *invalides , écoles militaires* et *ordre de Saint-Louis.* (V. D. 13 mai et 23 septembre 1815.)

23 DÉCEMBRE 1814. — O. sur l'*organisation* de l'*école de cavalerie* à Saumur. (V. O. 10 mars 1825.)

24 DÉCEMBRE 1814. — O. sur la *police du roulage.* (V. suprà D. 23 juin 1806 ; V. O. 22 novembre 1820 ; 20 juin 1821 ; 9 juillet 1823.)

30 décembre 1814. — D. sur les *enrôlements mi-*
litaires. (V. *Recrutement.)*

20 janvier 1815. — O. sur les *Conseils d'admi-*
nistration des *régiments.* (V. suprà Arr. 15 germinal an XI.)

27 janvier 1815. -- O. sur les *épizooties.* (V.
suprà Arr. 27 messidor an V; V. instructions
ministérielles, 9 fructidor an V.)

28 janvier 1815. -- O. sur la *comptabilité com-*
munale. (V. O. 16 et 21 mars 1816 ; L. 18 juillet
1837 ; Règl. 31 mai 1838.)

1 février 1815. — O. fixant les *frais d'abonne-*
ment des *bureaux de préfectures.* (V. O. 15 mai
1822.)

17 février 1815. -- O. concernant la *Légion-*
d'honneur. (V. suprà L. 29 floréal an X ; V.
O. 16 mars 1815.)

17 février 1815. --- O. portant *règlement* sur l'*in-*
struction publique. (V. suprà D. 17 mars 1808 ;
V. O. 22 juin 1814 ; 15 août 1815 ; 1er novembre 1820 ; 27 février 1821 ; 1er juin 1822 ; 4
janvier, 11 février 1828 ; 8 août 1829.)

5 mars 1815. --- O. contenant des *mesures de sû-*
reté générale. (V. Proclamations 6, 11, 12 et
19 mars 1815 ; O. 7, 11 et 15 mars 1815 ; L.
15 mars 1815.)

BULLETIN DES LOIS. — 6me SÉRIE.

Cent jours.

1er MARS 1815. -- *Proclamation de l'Empereur Napoléon* au peuple et à l'armée. (V. D. 9 , 13 ,
25 , 30 mars , 8 avril , 27 mai 1815 ; V. Acte
additionnel 22 avril 1815 ; *Abdication* 22 juin
1815 ; Projet de Constitution 29 juin 1815.)

28 JUIN 1815. -- L. contenant des mesures pour
la *tranquillité publique.*

BULLETIN DES LOIS. — 7me SÉRIE.

Deuxième restauration.

25 JUIN 1815. — *Proclamation du Roi* aux Français.
V. Proclamation 28 juin 1815 ; O. 7 , 12 , 13 , 16
et 24 juillet 1815 ; Proclamation 1er septembre
1815 ; L. 12 janvier 1816 ; O. 17 janvier 1816 ;
Proclamation 25 octobre 1820.)

19 AOUT 1815. — O. concernant l'*hérédité* de la *pairie
et ses formes judiciaires.* (V. O. 25 et 31 août ,

12 novembre , 6 octobre 1815 ; 5 novembre 1816 ;
A. 27 de la Ch. ; O. 23 mars 1816 ; 29 août 1817 ;
O. 18 avril 1821 ; L. 29 décembre 1831.)

1ᵉʳ SEPTEMBRE 1815. — O. concernant la *formation*
d'une *garde royale*. (V. O. 14 , 23 septembre , 14
octobre et 18 novembre 1815 ; 18 juillet , 5 novembre 1816 ; 7 juin , 25 octobre 1820).

19 SEPTEMBRE 1815. — O. relative à la *formation* d'un
conseil privé. (V. O. 5 octobre 1815 ; 19 avril 1817 ;
28 août 1830 ; 23 décembre 1842.)

NOVEMBRE 1815. — L. relative à la *répression* des
cris séditieux. (V. A. 26 , L. 17 mai 1819.)

15 DÉCEMBRE 1815. — O. concernant l'*avancement* dans
la carrière des *consulats*. (V. Règl. 11 juin 1816 ;
O. 20 , 23 et 24 août 1833 ; 23 , 24 , 25 , 26 et
29 octobre , 7 et 28 novembre 1833.)

20 DÉCEMBRE 1815. — O. portant *suppression* des *sous-
préfectures de chefs-lieux*. (V. L. 28 pluviôse an
VIII ; Arr. 17 ventôse an VIII.)

25 DÉCEMBRE 1815. — O. portant *suppression* des *procureurs criminels* de départements. (V. C. Inst.
Crim.)

19 JANVIER 1816. — L. relative au *deuil* général du 21
janvier. (V. O. 14 février 1816 ; L. 26 janvier
1833.)

8 FÉVRIER 1816. — O. relative aux *primes* pour la *pêche
de la morue* et *de la baleine*. (V. Règl. 15 pluviôse
an XI ; O. 13 février 1815 ; 21 octobre 1818 ; 14
février 1819 ; 4 octobre 1820 ; 21 novembre 1821 ;

20 février 1822 ; 24 février 1825 ; 7 décembre 1829 ; L. 22 avril 1832 ; 25 juin 1841 ; O. 25 février 1842.)

21 FÉVRIER 1816. — O. portant création du corps d'artillerie de la marine. (V. D. 29 avril 1791 ; Règl. 29 février 1816.)

1er MARS 1816. — O. relative à l'*autorisation* nécessaire pour l'acceptation d'*ordres étrangers*.

21 MARS 1816. — O. concernant la nouvelle *organisation* de l'*Institut*. (V. Arr. 3 pluviôse an XI.)

23 MARS 1816. — O. sur la *constatation* de l'*état civil* de la *maison royale*. (V. S.-C. 28 floréal an XII , A. 13 ; D. 30 mars 1806 ; O. 25 avril 1816 ; 25 avril 1820.)

28 MARS 1816. — L. sur les *finances* (contributions indirectes , douanes). (V. O. 1er , 8 et 22 mai , 11 et 20 juin 1816 ; L. 25 mars 1817 ; 15 mai 1818 ; 27 juin 1819.)

28 AVRIL 1816. — L. sur les *finances , douanes , contributions indirectes*. (V. suprà L. 5 ventôse an XII ; V. O. 9 octobre 1816 ; L. 25 mars 1817 ; 15 mai 1818.)

9 MAI 1816. — O. sur la nomination et les attributions des *sous-secrétaires d'État*.

22 MAI 1816. — O. relative aux *statuts* de l'*ordre de Saint-Louis*. (V. O. 10 juillet , 16 novembre 1816 ; 9 août 1820.)

22 MAI 1816. — O. portant *reconstitution* du *domaine extraordinaire*. (V. A. 95 , L. 15 mai 1818.)

2 JUILLET 1816. — O. portant création de *bureaux de charité* pour *distribution de secours.* (V. D. 18 mars et 28 juin 1793 ; 22 floréal an II ; L. 7 frimaire an V ; O. 6 février 1818 ; 31 octobre 1821 ; 6 juin 1830 ; 29 avril 1831.)

2 JUILLET 1816. — O. sur la *constatation* de l'*absence des militaires.* (V. L. 13 janvier 1817.)

3 JUILLET 1816. — O. relative aux *attributions* de la *caisse des dépôts et consignations.* (V. O. 22 mai 1816 ; 19 janvier 1835.)

10 JUILLET 1816. — O. qui interdit de décerner des *récompenses publiques* sans *autorisation.*

24 JUILLET 1816. — O. qui attache un *aumônier* à tous les *corps de l'armée.* (V. O. 10 novembre 1830.)

24 JUILLET 1816. — O. relative aux *armes de guerre.* (V. D. 8 vendémiaire, 2 nivôse an XIV ; 12 mars 1806 ; 14 décembre 1810 ; 4 mai 1812 ; Av. 17 mai 1811 ; D. 16 juin, 10 novembre 1813 ; L. 24 mai 1834 ; O. 23 février 1837 ; C. P. A. 314.)

8 AOUT 1816. — O. sur la *publication* du *code pharmaceutique.* (V. D. 14 avril 1791 ; L. 21 germinal an XI ; L. 28 juillet 1838.)

8 AOUT 1816. — O. sur la *marque de fabrique* (tissus prohibés). (V. Arr. 23 nivôse an IX ; ·L. 28 avril 1816, A. 59, Titre 6 ; L. 21 avril 1818 ; O. 23 septembre, 12 décembre 1818.)

28 AOUT 1816. — O. relative au *martelage.* (V. D. 4 octobre 1793 ; O. 22 septembre 1819 ; C. forestier, Titre 9.)

8 JANVIER 1817. — O. relative à la *traite des noirs*. (V. L. 11 août 1792 ; 16 pluviôse an II ; 30 floréal an X ; Traités 30 mai 1814 et 20 novembre 1815 ; L. 15 avril 1818 ; O. 24 juin 1818 ; 18 janvier , 13 août 1823 ; 4 mars 1831 ; 25 juillet 1833.)

5 FÉVRIER 1817. — L. sur les *élections*. (V. L. 25 mars 1818 ; 29 juin 1820 ; 2 mai 1827 ; 2 juillet 1828 ; 11 septembre 1830 ; 19 avril 1831 ; 3 mai 1841 , A. 64.)

12 FÉVRIER 1817. — L. sur la *liberté individuelle*. (V. Ch. Const. A. 4 ; L. 26 mars 1820.)

26 FÉVRIER 1817. -- O. sur l'*organisation* des *écoles d'arts et métiers*. (V. O. 31 décembre 1826 ; 23 septembre 1832.)

28 FÉVRIER 1817. — L. sur les *journaux*. (V. L. 30 décembre 1817 ; 9 juin 1819 ; 17 mars 1822.)

12 MARS 1817. — O. fixant la répartition des *bourses dans les colléges*. (V. suprà D. 2 mai 1811 ; V. O. 25 décembre 1819 ; 16 novembre 1821 ; L. 21 avril 1832 , A. 9 et suivants.)

19 MARS 1817. — L. sur les *lettres de change*.

25 MARS 1817. — O. autorisant les *préfets et sous-préfets* à assister aux séances des *conseils généraux* et *d'arrondissement*. (V. A. 12 et 27 , L. 22 juin 1833.)

2 AVRIL 1817. — Règl. sur les *maisons centrales de détention*. (V. suprà D. 16 juin 1808 ; V. O. 6 juin 1830.)

16 AVRIL 1817. — O. contenant *règlement* pour le *con-*

servatoire des arts et métiers. (V. suprà L. 19 vendémiaire an III ; V. O. 25 novembre 1819 , A.
3 ; 6 mai 1829.)

21 MAI 1817. — O. relative à l'*apurement des comptes*
des *receveurs des établissements charitables*. (V. O.
21 mars 1816 ; 17 avril 1839.)

29 JUILLET 1817. — O. portant *création* de l'*intendance
militaire*. (V. O. 2 août 1818 ; 27 septembre 1820 ;
18 septembre 1822 ; 26 décembre 1827 ; 10 juin ,
27 décembre 1829 ; 27 août 1840.)

6 AOUT 1817. — O. sur les *franchises* et *contre-seings*.
(V. O. 17 novembre 1844.)

10 SEPTEMBRE 1817. — O. sur l'ordre des *avocats* aux
conseils et à la *cour de cassation*. (V. A. 91 , L. 28
avril 1816 ; Av. 14 avril 1821.)

18 NOVEMBRE 1817. — O. sur la *comptabilité* du *trésor
public*. (V. suprà Arr. 1er pluviôse an VIII ; V. O.
16 septembre 1818 ; 8 juin 1821.)

3 DÉCEMBRE 1817. — Règl. sur les *pavillons des navires*.
(V. O. 27 octobre 1827.)

17 DÉCEMBRE 1817. — O. concernant les corps du *génie*
et de l'*artillerie*. (V. O. 13 février 1822 ; 18 septembre 1833 ; 14 novembre 1830.)

24 DÉCEMBRE 1817. — O. sur l'*entretien des bâtiments*
autour des *places de guerre*. (V. D. 8 juillet 1791 ;
L. 17 juillet 1819.)

31 DÉCEMBRE 1817. — O. sur l'*organisation* des *écoles
militaires*. (V. L. 11 floréal an X ; Arr. 12 vendémiaire an XI ; O. 6 mai, 10 juin , 4 novembre

1818 ; 19 mai 1819 ; 26 septembre 1821 ; 1er mai 1822 ; 25 juin 1823 ; 12 avril , 28 juillet 1831 ; 20 septembre 1832.)

31 décembre 1817. — O. concernant la *saisie* des *tabacs de fraude*. (V. suprà D. 16 juin 1808 ; V. L. 28 avril 1816 , A. 216 et 223 ; 28 avril 1819.)

6 mai 1818. — O. sur la *formation* des *corps* et de l'*école* d'*état-major*. (V. O. 22 juillet , 2 et 5 août 1818 ; 28 avril 1819 ; 10 décembre 1826 ; 22 février 1831; 23 février 1833 ; 27 juillet 1835 ; L. 4 août 1839.)

20 mai 1818. — Instruction sur les *engagements volontaires*. (V. Instructions 12 août , 14 octobre , 3 décembre 1818 sur le *recrutement de l'armée*.)

8 juillet 1818. — O. sur le service des *écoles d'artillerie*. (V. suprà Arr. 12 vendémiaire an XI.)

15 juillet 1818. — O. sur l'*administration* des *poudres* et *salpêtres*. (V. suprà Arr. 27 pluviôse an VIII ; V. O. 11 août 1819.)

7 avril 1819. — O. concernant le *mobilier* des *archevêchés* et *évêchés*.

14 avril 1819. — L. et O. sur l'ouverture dans les départements d'un *livre de la dette publique*. (V. O. 18 août 1819.)

17 mai 1819. — L. sur la *répression des crimes et délits* commis par la voie de la *presse*. (V. suprà L. 21 octobre 1814 ; V. L. 26 mai 1819 ; L. et O. 9 juin 1819 ; 25 mars 1822 ; 10 juillet 1828 ; 29 novembre 1830 ; 9 septembre 1835 ; D. 6 et 22

mars , 9 et 11 août 1848 ; L. 24 avril , 27 juillet 1849.)

23 JUIN 1819. — O. sur la *réintégration des communes* dans les *biens communaux usurpés.* (V. L. 9 ventôse an XII suprà.)

16 JUILLET 1819. — L. relative à *l'exportation des grains.* (V. O. 22 septembre , 6 octobre 1819 ; L. 7 juin 1820 ; O. 21 octobre 1820 ; 4 juillet 1821 ; 20 octobre 1830 ; 15 et 26 avril 1833.)

17 JUILLET 1819. — L. relative à la fixation du *budget des recettes de* 1819. (V. L. 14 juillet 1819 ; 19 et 23 juillet 1820.)

17 JUILLET 1819. — L. relative aux *servitudes militaires.* (V. O. 1er août 1821 ; L. 3 mai 1841 ; O. 6 décembre 1842 ; L. 15 mars 1850.)

23 AOUT 1819. — O. sur la *composition* du *Conseil général du commerce et des manufactures.* (V. Arr. 3 nivôse an XI ; O. 28 janvier 1819 ; 9 février 1825 ; O. 16 juin 1830 ; 29 avril 1831 ; 16 juin, 25 décembre 1832 ; 10 octobre 1833.)

24 SEPTEMBRE 1819. — O. déterminant le *mode de construction* des *fosses d'aisances* à Paris.

26 MARS 1820. — L. sur la *liberté individuelle.* (V. suprà L. 12 février 1817.)

28 MARS 1820. — O. sur la remise aux *fabriques* des biens appartenant aux *églises.* (V. suprà L. 14 février 1810.)

31 MARS 1820. — L. sur la *publication* des *journaux* et

écrits périodiques. (V. O. 1er avril 1820 ; L. 26 juillet 1821.)

31 MARS 1820. — O. sur le mode d'*inspection générale* des *troupes*. (V. O. 13 février et 3 juillet 1822.)

3 AVRIL 1820. — O. sur la *surveillance* des *écoles de filles*. (V. O. 29 février 1816 ; 31 octobre 1821.)

5 AVRIL 1820. — Instruction sur les *magistrats honoraires*. (V. L. 16 juin 1824.)

18 MAI 1820. — O. sur la *discipline* des *écoles secondaires de médecine*. (V. O. 5 juillet 1820.)

27 JUILLET 1820. — Av. sur le *recours* contre les décisions des *conseils de révision*. (V. L. 10 mars 1818 ; L. 21 mars 1832 , A. 25.)

20 SEPTEMBRE 1820. — O. sur le *droit de visite* des *drogues médicinales*. (V. L. 25 juin 1841 , A. 27 ; 11 juin 1842 , A. 12.)

11 OCTOBRE 1820. — O. sur le *mode de roulement* des *magistrats de l'ordre judiciaire*. (V. Arr. 6 floréal an X ; O. 24 juillet 1825 ; Arr. Cass. 4 mars 1830.)

11 OCTOBRE 1820. — O. concernant les *mutilations* pour se soustraire au *recrutement*. (V. L. 11 octobre 1830.)

23 OCTOBRE 1820. — O. sur l'*organisation* de l'armée *française*. (V. O. 27 octobre 1820 ; 8 mai 1822 ; 2 février 1823 ; 27 février 1825 ; 5 août , 13 et 27 décembre 1829; 3 janvier, 27 août, 14 novembre 1830; 17 janvier, 19 février, 7 mai, 5 juillet 1831; 14 avril, 20 septembre 1832; 8 septembre 1833.)

1ᵉʳ NOVEMBRE 1820. — O. portant *institution* du *conseil royal* de l'*instruction publique*. (V. O. 15 août 1815; 22 juillet et 21 décembre 1820 ; 27 février 1821.)

1ᵉʳ NOVEMBRE 1820. — O. portant *organisation* de la *maison civile du Roi*. (V. O. 14 décembre 1820.)

28 DÉCEMBRE 1820. — O. sur l'*établissement* de l'*Académie royale de médecine*. (V. O. 6 février 1821 ; 18 octobre 1829 ; 15 septembre 1833 ; 20 janvier 1835.)

30 JANVIER 1821. — O. sur la *réorganisation* du service des *subsistances militaires*. (V. O. 28 novembre 1821; 8 juin 1825.)

29 MARS 1821. — O. sur le *remplacement des préfets* en cas d'absence.

23 AVRIL 1821. — O. déterminant le *rang* des *bonnes villes du royaume*.

16 MAI 1821. — L. relative à la *circonscription* des *arrondissements électoraux*. (V. L. 19 avril 1831.)

26 JUILLET 1821. — L. relative aux *donataires*. (V. suprà O. 22 mai 1816.)

29 JUILLET 1821. — O. qui autorise l'acceptation des *legs* de *M. de Montyon*. (V. L. 31 mars , 1ᵉʳ mai , 17 août 1822.)

31 JUILLET 1821. — L. sur la fixation du *budget des recettes et dépenses de* 1821. (V. L. 31 mars , 1ᵉʳ mai , 17 août 1822, et Budgets successifs.)

8 AOUT 1821. — O. sur les *travaux d'entretien* des *routes départementales*. (V. D. 16 décembre 1811 ; O. 22 mai 1822 ; 10 mai 1838 , A 4.)

5 SEPTEMBRE 1821. — O. relative au *versement des sommes* provenant de *coupes de bois communaux.*

17 OCTOBRE 1821. — O. sur l'admission à l'*examen* du *baccalauréat ès-lettres.* (V. D. 17 mars 1808 , Titre 3 , A. 19 ; 17 février 1809 ; O. 17 février 1815 , A. 33 ; 23 février 1821 , A. 11.)

7 NOVEMBRE 1821.--O. sur les *sapeurs pompiers* à Paris. (V .O. 28 août 1822 ;20 janvier 1832; 11 mai 1833.)

14 NOVEMBRE 1821. (O. sur les *entreprises* de *remplacements militaires.* (V. Arr. Cass. 13 janvier 1841.)

12 DÉCEMBRE 1821. — O. sur la *procédure* en matière de *conflits.* (V. suprà Av. 22 janvier 1813 ; Arr. 13 brumaire an X ; V. O. 18 décembre 1822 ; 1er juin 1828; circulaire du ministre de la justice 5 juillet 1828 et du ministre de l'intérieur 30 août 1828; O. 2 février 1831.)

9 JANVIER 1822. — O. sur l'administration des *postes.* (V. suprà D. 26 août 1790; V. O. 3 juin 1829.)

3 MARS 1822. — L. relative à la *police sanitaire.* (V. L. 1er mai 1822 ; O. 20 mars, 7 août 1822 ; 7 juillet 1824 ; 13 novembre 1839.)

1er MAI 1822.—O. sur la *publication* de *dessins gravés* ou *lithographiés.*(V.O. 8 octobre 1817; L. 25 mars 1822.)

28 MAI 1822. — O. sur l'*administration* des *haras.* (V. suprà D. 4 juillet 1806; O. 19 juin 1832; 10 et 15 décembre 1833.)

31 OCTOBRE 1822. — O. prescrivant la publication de la *circonscription* des *diocèses.* (V. Projet de Concordat 11 juin 1817 ; L. 4 juillet 1821.)

6 NOVEMBRE 1822. — O. sur les *congés* à délivrer aux membres de l'*ordre judiciaire*.

4 DÉCEMBRE 1822. — O. sur l'*organisation* du *train des équipages militaires*. (V. O. 18 décembre 1822 ; 29 janvier, 26 février, 14 mai 1823 ; 1er décembre 1824.)

5 FÉVRIER 1823. — O. portant *organisation* de *compagnies d'ouvriers*.

2 AVRIL 1823. — O. sur le service des *bateaux à vapeur*. (V. O. 11 décembre 1822 ; 29 octobre 1823 ; 7 et 25 mai 1828 ; 23 septembre 1829 ; 25 mars 1830.)

13 AVRIL 1823. — O. sur la *comptabilité* des *communes*. (V. L. 11 frimaire an VII ; suprà O. 28 janvier 1815 ; 31 mars 1825 ; 23 juillet, 19 novembre, 24 décembre 1826 ; 28 décembre 1830 ; 22 janvier 1831 ; 1er mars 1835 ; L. 18 juillet 1837 ; 10 mai 1838 ; *O. 31 mai* 1838.)

13 AVRIL 1823. — O. sur le *numérotage des maisons*.

8 JUIN 1823. — O. relative à la *comptabilité des monts-de-piété*. (V. L. 16 pluviôse an XII ; O. 31 octobre 1821 ; Circulaire du ministre de l'intérieur du 8 février 1823; O. 3 novembre 1831.)

1 NOVEMBRE 1823. — O. sur la *vérification* des *greffes des tribunaux*. (V. O. 10 mars 1825.)

16 NOVEMBRE 1823. — O. sur la *vérification* des *registres de l'état civil*. (V. suprà D. 20 septembre 1792. V. O. 10 mars 1825.)

17 DÉCEMBRE 1823. — Av. sur *l'interprétation des lois*. (V. L. 30 juillet 1828.)

24 DÉCEMBRE 1823. — O. sur les *saillies à permettre* dans la *ville de Paris*. (V. D. 27 octobre 1808 ; O. 30 septembre 1814 ; 29 février 1816.)

30 DÉCEMBRE 1823. — O. sur le *recouvrement et la répartition* des *amendes*. (V. L. 18 juillet 1837 ; A. 31.)

6 JANVIER 1824. — O. portant *institution* du *conseil supérieur du commerce et des colonies*. (V. suprà O. 23 août 1819 ; V. O. 20 mars 1824 ; 8 décembre 1829 ; 27 janvier , 13 et 17 mars 1831.)

7 JANVIER 1824. — Règlement sur les *équipages de ligne*. (V. O. 17 mars , 23 juin 1824 ; 2 et 19 octobre 1825; 28 mai 1829; 1er mars et 14 avril 1832 ; 1er mars 1835 ; 11 octobre 1836 ; L. 14 mai 1837 ; suprà D. 29 avril 1791.)

22 JANVIER 1824. — O. sur l'*admission* aux places d'*élèves du collége royal de la marine*. (V. D. 30 juillet 1791 ; O. 31 janvier 1816 ; 28 janvier 1824; 1er novembre 1830 ; 3 mai, 24 septembre 1831; 24 avril 1832; 4 mai 1833.)

10 FÉVRIER 1824. — O. prescrivant à l'avenir l'*institution d'un majorat* pour les *titres de noblesse*. (V. L. 19 juin 1790 suprà; V. O. 21 juin, 15 juillet 1829; 3 juin 1830; L. 12 mai 1835.)

8 AVRIL 1824. — O. sur l'*instruction publique*. (V. 17 février 1815 suprà.)

9 JUIN 1824. — L. modifiant celle de 1818 sur le *recrutement militaire*. (V. suprà D. 28 février 1790 ;

ʟ. 21 mars 1832 ; Rapport à la Chambre des Pairs 3 avril 1843.)

9 ᴊᴜɪɴ 1824. — L. sur la *septennalité*. (V. Ch. 1814 , A. 37.)

17 ᴊᴜɪɴ 1824.--L. sur les *tabacs*. (V. suprà 31 décembre , 1817. V. L. 12 février. O. 13 février 1835.)

28 ᴊᴜɪʟʟᴇᴛ 1824. — L. relative aux *chemins vicinaux*. (V. L. 9 ventôse an XIII ; 21 mai 1836.)

4 ᴀᴏᴜᴛ 1824. — O. relative à l'*indemnité des magistrats* en cas de *transport en matière civile*. (V. O. 10 mars 1825).

4 ᴀᴏᴜᴛ 1824. — O. portant *création* d'un *conseil d'amirauté*. (V. O. 30 décembre 1829.)

23 ᴀᴏᴜᴛ 1824. — O. relative aux *établissements d'éclairage* par le *guz hydrogène*. (V. D. 15 octobre 1810 suprà).

※

BULLETIN DES LOIS. — 8ᵐᵉ SÉRIE.

Règne de Charles X.

29 ꜱᴇᴘᴛᴇᴍʙʀᴇ 1824. —O. relative aux *journaux et écrits périodiques*. (V. O. 15 août 1824; L. 18 juillet 1828; O. 29 juillet 1828.)

31 ᴏᴄᴛᴏʙʀᴇ 1824. — O. sur les *cautionnements des comptables* du *trésor public*.

1ᵉʳ ᴅᴇᴄᴇᴍʙʀᴇ 1824. -- O. sur les *engagements militaires*. (V. suprà 20 mai 1818; V. O. 15 décembre 1830; 17 février, 28 avril 1832.)

8 DÉCEMBRE 1824. — O. relative à l'*organisation* des *théâtres des départements*. (V. D. 13 janvier 1791 ; 8 juin 1806 ; O. 25 janvier , 15 mai 1831 ; L. 9 septembre 1835.)

12 JANVIER 1825. — O. sur la *profession de boucher* à Paris. (V. D. 6 février 1811 ; O. 9 octobre 1822 ; 18 octobre 1829.)

3 MARS 1825. — O. relative aux *presbytères*. (V. Av. 3 novembre 1826.)

10 AVRIL 1825. — L. sur la *navigation* et le *commerce maritime*. (V. O. 26 avril 1827.)

20 avril 1825. — L. sur le *sacrilége* dans les élgises. (V. L. 11 octobre 1830.)

7 AOUT 1825. — O. sur les *écoles d'hydrographie* et la *réaeption des capitaines du commerce*. (V. O. 26 mars 1826.)

1er SEPTEMBRE 1825. — O. sur les *écoles vétérinaires*. (V. suprà D. 15 janvier 1813 ; V. O. 26 juillet 1826, 28 août 1832.)

23 SEPTEMBRE 1825. — O. sur les *concessions* des dépendances du domaine public. (V. L. 16 septembre 1807.)

14 DÉCEMBRE 1825. — O. sur les *franchises et contreseings*. (V. suprà O. 6 août 1817.)

18 JANVIER 1826. — O. sur le *tarif des dépens* pour les procédures en *Conseil d'Etat*. (V. Arr. 5 nivôse an VIII; O. 2 avril 1831.)

19 MARS 1826. — O. sur les *colonies*. (V. suprà D. 15 juin 1791; O. 21 décembre 1826.)

17 MAI 1826. — L. sur les *substitutions*. (V. A. 1048, 1049, C. C.)

9 FÉVRIER 1827. — O. concernant le *Gouvernement des colonies* de la Martinique et de la Guadeloupe. (V. O. 2 janvier, 19 mars, 21 août 1826; 4 juillet, 30 septembre 1827; 27 août, 24 septembre; 12, 19, 29 octobre, et 28 décembre 1828; L. 24 avril 1833.)

21 MAI 1827. — Code forestier. (V. O. 1er et 26 août 1827; L. 17 août 1828, A. 1er; O. 23 juin 1830; 25 février, 7 septembre 1832; 23 février 1833; 26 novembre 1836; L. 4 mai 1837; 25 juin 1841.)

12 DÉCEMBRE 1827. — O. sur les demandes d'*échange d'immeubles* contre les *propriétés de l'Etat*. (V. L. 22 novembre 1790; 8 novembre 1814.)

9 JANVIER 1828. — O. relative au *dépôt des exemplatres des écrits imprimés*. (V. O. 27 mars 1828.)

7 MAI 1828. — O. sur les *machines à vapeur* à haute et basse pression. (V. O. 2 avril, 29 octobre 1823; 25 mai 1828; 25 mars 1830.)

16 JUIN 1828. — O. relative aux *écoles secondaires ecclésiastiques*. (V. suprà L. 18 germinal an X, A. 23; V. O. 5 octobre 1814; 26 novembre 1828; 18 janvier 1829; L. 19 janvier 1850.)

2 JUILLET 1828. — L. sur la *révision annuelle* des *listes électorales et du jury*. (V. L. 5 février 1817; 29 juin 1820; 2 mai 1827; 19 avril 1831.)

24 SEPTEMBRE 1828. — O. sur la *composition des cours*

d'appel (police correctionnelle). (V. suprà D. 6 juillet 1810; V. O. 23 avril 1834.)

29 OCTOBRE 1828. — O. relative à la *longueur des moyeux* des *voitures de roulage*. (V. O. 27 septembre 1827; L. 28 juin 1829.)

12 NOVEMBRE 1828. — O. sur le *costume* des *prud'-hommes*. (V. suprà D. 11 juin 1809.)

28 DÉCEMBRE 1828. — O. relative à la *commission mixte* des *travaux publics*. (V. suprà D. 22 décembre 1812.)

21 JANVIER 1829. — O. sur la *répartition* des *bourses dans les colléges*. (V. suprà O. 12 mars 1817; V. O. 28 août 1827; 24 juin 1829.)

22 FÉVRIER 1829. — O. sur la *vente de objets déposés* aux *greffes*. (V. L. 11 germinal an IV; O. 23 janvier 1821; 9 juin 1831.)

26 MARS 1829. — O. sur l'*instruction publique*. (V. suprà 17 février 1815.)

15 AVRIL 1829. — L. relative à la *pêche fluviale*. (V. O. 15 novembre 1830; 16 juin, 10 juillet 1835; L. 14 juillet 1838; L. 6 juin 1840; O. 28 octobre 1840.)

10 MAI 1829. — O. sur le *mode d'adjudication* des *travaux publics*. (V. O. 28 février 1831; 18 février 1834; Règl. 25 août 1833.)

31 MAI 1829. — O. sur les *états-majors des places de guerre*. (V. suprà D. 24 décembre 1811.)

18 OCTOBRE 1829. — O. sur la *boucherie de Paris*. (V. suprà Arr. 8 vendémiaire an XI; O. 4 juillet 1830.)

8 octobre 1829. -- O. restreignant à vingt années les *services exigés* pour la *Légion-d'Honneur*. (V. suprà O. 17 février 1815.)

1 novembre 1829. -- O. sur *l'école des chartes*. (V. O. 1er mars 1832.)

janvier 1830. -- O. sur la fixation du *traitement* des *desservants* et *vicaires*. (V. O. 4 janvier, 13 mars, 6 avril, 25 mai 1832; V. L. 4 juillet 1821.)

5 avril 1830. -- Règlement sur l'admission et l'avancement dans la *diplomatie*. (V. O. 1er mars 1833.)

juin 1830. -- O. relative à *l'administration* et à la *comptabilité* des *hospices*. (V. suprà D. 16 vendémiaire an V; O. 22 janvier, 29 novembre 1831.)

5 juillet 1830. -- O. portant *suspension de la liberté de la presse, dissolution de la chambre des Députés, changement de la loi électorale*. (V. Proclamation 13 juin 1830; Rapport au Roi 25 juillet 1830; O. 25, 28, 29 juillet 1830.)

BULLETIN DES LOIS. — 9me SÉRIE.

Règne de Louis-Philippe 1er.

7 juillet 1830. -- *Protestation des Députés résidant à Paris contre les ordonnances* du 25 juillet. (V. Actes du *Gouvernement provisoire* 29, 30, 31 juillet 1830.)

r août 1830. -- O. du *Lieutenant général du royaume* rétablissant les *couleurs nationales*. (V. Proclamation 31 juillet 1830.)

2 AOUT 1830. -- O. Prescrivant le dépôt de l'*abdication de Charles X et du Dauphin.* (V. O. et Discours 3 août 1830.)

14 AOUT 1830. -- *Charte constitutionnelle.* (V. Actes et Procès-verbaux 7 et 9 août 1830; Proclamation du Roi 15 août 1830.)

30 AOUT 1830. -- L. sur les *récompenses nationales* à l'occasion des Journées de juillet 1830. (V. L. 13 décembre 1830; O. 30 avril 1831.)

31 AOUT 1830. -- L. relative au *sermemt* des *fonctionnaires publics.* (V. O. 31 août 1830.)

12 SEPTEMBRE 1830. — L. relative à la *réélection des Députés promus à des fonctions publiques.*

8 OCTOBRE 1830. — L. sur *l'application du jury* aux *délits de presse* ou *politiques.*

20 OCTOBRE 1830. — L. sur les *grains.* (V. suprà D. 4 mai 1812 ; V. L. 15 avril 1832; 26 avril 1833.)

29 OCTOBRE 1830. — L. qui punit les attaques par la *presse* contre le Roi et les Chambres.

15 NOVEMBRE 1830. -- O. sur *l'état-major.* (V. suprà O. 6 mai 1818.)

10 DÉCEMBRE 1830. — L. sur les *afficheurs* et *crieurs publics.* (V. L. 8 avril 1831; 16 février 1834.)

11 DÉCEMBRE 1830. -- O. sur *l'intendance militaire.* (V. suprà O. 29 juillet 1817. V. O 10 juin 1835.)

14 DÉCEMBRE 1830. — L. sur le *cautionnement, droit de timbre* et *port des journaux* ou *écrits périodiques.* (V. L. 8 avril 1831.)

25 DÉCEMBRE 1830. — O. relative à l'*admission* aux fonctions de membre du *clergé*. (V. D. 12 juillet 1790 suprà.)

14 JANVIER 1831. -- O. sur les *congrégations de femmes* et les *établissements ecclésiastiques*.

4 MARS 1831. — L. relative à la composition des *cours d'assises*, aux déclarations du *jury*. (V. L. 9 septembre 1835.)

21 MARS 1831. — L. sur l'*organisation municipale*. (V. L. 18 juillet 1837.)

22 MARS 1831. — L. sur la *garde nationale*. (V. suprà D. 28 juillet 1791 ; V. O. 21 novembre 1832 ; O. 16 mars 1846 ; L. 29 avril 1846 ; 27 février, 8 avril 1851 ; D. 1, 3, 5, 8 septembre, 6 octobre 1851.)

26 MARS 1831. — L. sur les *contributions directes* (V. L. 18 mars 1831.)

30 MARS 1831. — L. relative à l'*expropriation* pour travaux de *fortifications*.

10 AVRIL 1831. — L. contre les *attroupements* (V. suprà D. 21 octobre 1789.)

11 AVRIL 1831. — L. sur les *pensions* de l'*armée de terre* (V. L. 18 mars 1831.)

11 AVRIL 1831. — O. sur l'*organisation* du service de la *remonte* (V. O. 15 octobre 1832 ; 12 novembre 1833.)

19 AVRIL 1831. — L. sur les *élections* à la *chambre des députés* (V. L. 28 septembre 1831 ; 25 avril 1845.)

29 DÉCEMBRE 1831. — L. remplaçant *l'article 23 de la Charte constitutionnelle* (V. suprà O. 19 août 1815.)

9 FÉVRIER 1832. — L. sur le *transit* et les *entrepôts* (V. L. 27 février 1832.)

2 MARS 1832. — L. sur la *liste civile* (V. suprà D. 26 mars 1791.)

21 MARS 1832. — L. sur le *recrutement de l'armée* (V. suprà O. 9 juin 1824.)

10 AVRIL 1832. — L. relative à *Charles X* et à sa famille et à la *famille de Napoléon* (V. suprà D. 16 décembre 1792.)

14 AVRIL 1832. — L. sur l'*avancement* dans l'armée de *terre.* (V. L. 20 avril 1832 ; O. 5 avril 1832 ; 16 mars 1838.)

16 AVRIL 1832. — L. modifiant *l'article* 164 du *Code civil* (Dispenses pour mariages.) (V. L. 21 avril 1832.)

17 AVRIL 1832. — L. sur la *contrainte par corps* (V. suprà L. 24 ventôse an V.)

21 AVRIL 1832. — L. relative aux *étrangers réfugiés en France.* (V. L. 26 avril 1836 ; 22 juin 1838 ; 15 juillet 1840.)

21 AVRIL 1832. — L. relative à la *navigation du Rhin.*

22 AVRIL 1832. — L. sur la *pêche de la morue et de la baleine.* (V. O. 12 mars 1842 ; 2 juillet 1843.)

28 AVRIL. 1832. — L. contenant des *modifications* aux *Codes criminels.* (V. L. 22 juin 1835.)

17 MAI 1832. — O. sur la fixation de l'*indemnité* des *présidents* d'assises pour déplacement (V. O. 3 août 1832.)

28 juin 1832. — O. relative aux *sommes consignées* par les *parties civiles.*

20 SEPTEMBRE 1832. — O. portant *organisation* de l'école militaire de St.-Cyr. (V. O. 17 février 1832 ; 21 mai 1837 ; 21 octobre 1840 ; 7 mai , 22 décembre 1841 ; 13 février 1842.)

7 OCTOBRE 1832. —O. relative aux *exécuteurs* des *arrêts criminels.*

11 OCTOBRE 1832. — O. relative aux attributions des *ministères.* (V. suprà D. 21 septembre 1812 ; O. 19 septembre 1836 ; 23 mai 1839.)

26 OCTOBRE 1832. — O. sur le *rétablissement dans l'institut* de la classe des *sciences morales et politiques.*

14 NOVEMBRE 1832. — O. sur l'*organisation* de la *bibliothèque royale.* (V. O. 22 février , 2 juillet 1839; 3 août 1841.)

3 DÉCEMBRE 1832. — O. sur les *pénitenciers militaires.*

3 DÉCEMBRE 1832. — O. sur la *comptabilité générale.* (V. O. 31 mai 1838.)

24 DÉCEMBRE 1832. — O. sur la *vérification des poids et mesures.* (V. D. 1er août 1793.)

1 JANVIER 1833. — O. sur la *révision* de la *législation des pensions.* (V. Rapport 4 janvier 1833.)

16 JANVIER 1833. — L. qui *abroge* celle du 19 *janvier* 1816.

21 JANVIER 1833. — L. relative aux *sommes déposées* dans les bureaux de *poste.*

9 JANVIER 1833. — L. relative au *monument des victimes* des 28 *et* 29 *juillet* 1830.

31 JANVIER 1833. — L. sur l'*insertion dans les journaux des actes de société*.

3 AVRIL 1833. — L. sur les *indemnités* dues pour les *événements de juillet*.

16 AVRIL 1833. — L. sur les *réfugiés étrangers*. (V. L. 28 vendémiaire an VI, A. 7 ; 1er mai 1834 ; 22 juillet 1837 ; 24 juillet 1839 ; 12 juin 1841 ; 11 juin 1842 ; 27 juin 1843 ; 3 août 1844 ; 14 mai 1845.)

24 AVRIL 1833. — L. sur le *régime législatif* aux *colonies*. (V. O. 10 octobre 1829 ; 11 avril 1830 ; 7 février 1842 ; 17 décembre 1845.)

24 AVRIL 1833. — L. relative aux *récépissés* du *trésor public*. (V. O. 12 mai 1833.)

26 AVRIL 1833. — L. relative à l'importation et à l'exportation des *sucres*. (V. L. 27 juillet 1822 ; 17 mai 1826 ; L. 24 mai 1834 ; O. 8 juillet 1834 ; L. 18 juillet 1837 ; 4 juillet 1838 ; O. 4 juillet 1838 ; 30 juin, 9 juillet, 10 août 1839, A. 12 ; L. 3 juillet 1840 ; O. 24 août 1840 ; 2 juin 1841 ; 11 juin, 16 août 1842 ; L. 2 juillet 1843 ; O. 7 août 1843 ; L. 31 mai 1846.)

31 MAI 1833. — O. sur des *établissements insalubres* ou *incommodes*. (V. O. 27 janvier 1837, 27 mai 1838.)

10 JUIN 1833. — L. relative à la *dotation* de la *caisse d'amortissement*. (V. suprà Arr. 23 messidor an IX.)

14 JUIN 1833. — L. relative à la *garantie* de l'*emprunt*

grec. (V. L. 24 avril 1838 ; 26 juillet 1839 ; L. 24 juillet 1843 ; 21 avril 1844 ; 21 juin 1845 ; 31 mai mai 1846 ; 12 juillet 1847.)

22 JUIN 1833. — L. sur l'*organisation* des *conseils généraux et d'arrondissement*. (V. L. 10 mai 1838.)

28 JUIN 1833. — L. sur l'*instruction primaire*. (V. O. 16 juillet, 8 novembre 1833 ; 26 février 1835 ; 13 novembre 1837 ; 17 décembre 1839 ; 30 décembre 1842 ; 7 février 1843.)

20 AOUT 1823. — O. sur le *personnel* des *consulats*. (V. O. 18, 23 et 24 août, 23, 24, 25, 26, 29 octobre, 7 novembre 1833 ; 6 novembre 1842 ; 26 avril 1845.)

24 AOUT 1833. — O. sur le service de la *télégraphie*.

7 JANVIER 1834. — O. sur les *conseils d'administration* de *corps de troupes*. (V. O. 19 novembre 1831 ; 10 mai 1844 ; suprà O. 20 janvier 1815.)

7 FÉVRIER 1834. — O. relative aux *compagnies de discipline*.

18 FÉVRIER 1834. — O. sur les *enquêtes* relatives aux *travaux publics*.

10 AVRIL 1834. — L. sur les *associations*. (V. D. 28 juillet 1848, A. 13 ; 8 décembre 1851.)

20 AVRIL 1834. — L. sur l'*organisation municipale* de *Paris*. (V. suprà D. 23 frimaire an III.)

19 MAI 1834. — L. sur l'*état* des *officiers*. (V. O. 21 mai 1836.)

24 MAI 1834. — L. sur les *détenteurs* d'*armes ou munitions de guerre*.

20 juin 1834. — O. sur les *engagements* et *rengagements volontaires*. (V. suprà O. 20 mai 1818 ; V. O. 17 novembre 1835 ; 15 janvier 1837 ; 23 juillet, 24 novembre 1847.)

10 août 1834. — O. sur l'*organisation judiciaire* en *Algérie*. (V. O. 6 octobre 1836 ; 16 janvier 1838 ; 28 février, 19 octobre 1841 ; 26 septembre, 26 décembre 1842 ; 12 mars, 16 avril, 17 juillet 1843 ; 16 juillet, 31 octobre, 9 novembre 1845.)

27 octobre 1834. — O. sur les *comités* des diverses *armes*. (V. O. 19 août 1836.)

23 décembre 1834. — O. sur le service des *ponts et chaussées*. (V. suprà D. 31 décembre 1790 ; V. D. 8 messidor an VIII ; O. 23 décembre 1838 ; 10 juin, 5 août 1840.)

3 janvier 1835. — O. portant *organisation* du *commissariat de la marine*. (V. O. 29 septembre 1835 ; 31 décembre 1838 ; 26 septembre 1839 ; 31 juillet 1840 ; 21 décembre 1844 ; 23 décembre 1847.)

1er mars 1835. — O. relative à la *comptabilité* des *communes et établissements de bienfaisance*. (V. suprà O. 28 janvier 1815 ; 6 juin 1830 ; 24 janvier 1843.)

20 mars 1835. — L. sur le *classement* des *routes départementales*.

16 mai 1835. — O. relative aux *appels de jugement* en matière de *séparation de corps*.

5 juin 1835. — O. relative aux *caisses d'épargne*. (V. L. 31 mars 1837 ; O. 25 août 1837 ; 13 février 1838.)

25 JUIN 1835. — O. relative aux *cautionnements* des préposés des *administrations financières.* (V. O. 22 mai 1825.; 24 août 1841.)

17 JUILLET 1835. — O. sur les *officiers de santé* de la marine. (V. suprà Arr. 7 vendémiaire an VIII ; V. O. 29 avril 1837 ; 15 mai 1842.)

30 JUILLET 1835. — O. relative à l'*exemplaire des livres* du *dépôt légal.*

23 AOUT 1835. — O. sur les *enquêtes* en matière de *travaux communaux.*

9 SEPTEMBRE 1835. — L. sur les *cours d'assises.* (V. D. 6 mars 1848.)

9 SEPTEMBRE 1835. — L. rectifiant les *art.* 345 *et suivants* du *Code d'instruction criminelle* et l'*art.* 17 du *Code pénal.*

9 SEPTEMBRE 1835. — O. sur la *publication* des *dessins , gravures , estampes* ou *emblêmes.*

14 SEPTEMBRE 1835. — O. sur l'*organisation* du corps d'*artillerie de la marine.* (V. O. 21 février 1816 ; 4 janvier 1842 ; 30 avril 1844 ; 21 mars 1847.)

14 SEPTEMBRE 1835. — Règl. pour le *service à vapeur* entre Toulon et l'*Algérie.* (V. O. 11 novembre 1835 ; Règl. 14 juillet 1842 ; 2 janvier 1846.)

2 NOVEMBRE 1835. — O. relative aux *bourses* dans les *séminaires.*

18 NOVEMBRE 1835. — O. sur le *cautionnement* des *journaux* et *écrits périodiques* (V. suprà O. 14 décembre 1830.)

31 DÉCEMBRE 1835. — O. concernant le *Bulletin des lois.*

1er JANVIER 1836. — O. sur les *dépôts de recrutement et de réserve.* (V. O. 15 octobre 1839 ; 13 mars , **15** décembre 1841.)

23 AVRIL 1836. — L. sur les *contributions indirectes.* (V. L. 28 avril 1816 ; 4 juin 1836.)

29 AVRIL 1836. — O. sur les *affranchissements* d'*esclaves* aux *colonies.* (V. O. 11 juin 1839 ; 16 septembre 1841 ; 18 juillet, 23 , 26 octobre 1845.)

13 MAI 1836. — L. sur le *vote du jury* au *scrutin secret.* (V. O. 9 septembre 1835.)

21 MAI 1836. — L. portant *prohibition* des *loteries.* (V. C. P. A. 410 , 475 ; O. 29 mai 1844.)

28 MAI 1836. — L. sur la *poursuite* et le *jugement* des *infractions* commises dans les *Echelles du Levant.*

21 JUIN 1836. — L. sur le *serment de la gendarmerie.* (V. O. 26 octobre 1835.)

9 JUILLET 1836. — L. sur les *droits* de *navigation inté-rieure.* (V. suprà L. 10 avril 1825 ; V. O. 15 octobre 1836 ; 27 octobre 1837 ; L. 31 mai 1846.)

9 JUILLET 1836. — L. relative aux *routes stratégiques.*

12 AOUT 1836. — O. relative aux *officiers de santé militaires.* (V. O. 6 février 1839 ; 24 mars , 18 avril 1840 ; 19 octobre 1841 ; 10 avril 1842.)

19 AOUT 1836. — O. sur l'*uniforme* des *maréchaux de France* et *officiers généraux.*

21 OCTOBRE 1836. — O. sur les *frais d'administration*

des *préfectures*. (V. O. 25 octobre 1839 ; 10 décembre 1846.)

4 DÉCEMBRE 1836. — O. sur les *marchés* passés au *nom de l'Etat*.

9 DÉCEMBRE 1836. — O. sur le *transport des forçats* aux *bagnes*.

18 DÉCEMBRE 1836. — O. sur le service des *fonderies de la marine*. (V. O. 29 et 30 décembre 1836 ; 24 avril 1837 ; 24 septembre 1841.)

28 JANVIER 1837. — O. sur les *remplacements* dans les *corps de troupes*. (V. *Engagements volontaires*.)

23 FÉVRIER 1837. — O. portant *prohibition* des *pistolets de poche*.

1ᵉʳ AVRIL 1837. — L. relative aux *arrêts de cassation ,* après *deux pourvois*.

2 MAI 1837. — L. sur les *lignes télégraphiques*.

8 MAI 1837. — L. sur l'*amnistie*. (V. O. 16 et 30 mai 1837.)

14 MAI 1837. — L. sur l'*avancement* dans l'*armée navale*.

20 MAI 1837. — O. sur les *adjudications* de *coupes de bois domaniaux*. (V. O. 21 mai 1827 ; 10 juin , 24 août 1840 ; 3 octobre 1841 ; 14 juillet 1844 ; 23 mars , 2 décembre 1845.)

21 MAI 1837. -- O. sur l'*école polytechnique*. (V. O. 11 août 30 octobre 1844.)

16 JUIN 1837. -- L. relative aux *sous-officiers et soldats amputés* nommés dans la *Légion-d'Honneur*. (V. suprà L. 29 floréal an X.)

4 JUILLET 1837. — L. sur les *poids et mesures* (V. suprà D. 1er août 1793.)

9 JUILLET 1837. — L. relative à la *composition* du *tribunal de la Seine* (O. 13 juillet 1837 ; 20 août
1840 ; V. L. 23 avril 1841.)

10 JUILLET 1837. — O. relative aux *enfants de troupe*
(V. O. 27 décembre 1842.)

18 JUILLET 1837. — L. sur l'*administration municipale*
(V. L. 21 mars 1831 ; O. 15 juillet 1840.)

17 SEPTEMBRE 1837. — O. relative aux *receveurs des
communes* ou *établissements de bienfaisance* (V. suprà O. 21 mai 1817 ; V. O. 27 septembre 1837; 17
avril et 23 mai 1839 ; 31 mai 1840.)

3 NOVEMBRE 1837. — O. portant que les *lieutenants de
cavalerie* seront *montés aux frais de l'Etat.*

14 NOVEMBRE 1837. — O. sur les *entreprises de travaux*
pour les *communes* ou *établissements charitables* (V.
D. 17 juillet 1808.)

16 NOVEMBRE 1837. — O. relative à l'*état-major de l'armée* (V. L. 4 août, O. 13 août, 29 décembre 1839.)

22 DÉCEMBRE 1837. — O. concernant les *salles d'asile.*

25 DÉCEMBRE 1837. — O. sur le service de la *solde* et
sur les *revues* (V. O. 25 juillet 1839 ; 11 février
1840 ; 21 octobre 1841 ; 20 décembre 1842.)

28 FÉVRIER 1838. — O. sur les *commis entretenus de
l'intendance militaire* (V. O. 4 septembre 1839 ;
21 janvier 1843.)

28 FÉVRIER 1838. — O. sur l'*organisation du corps
d'officiers* d'administration.

11 **avril** 1838. -- L. sur les *tribunaux civils de première instance.*

15 **avril** 1838. -- O. sur les *abattoirs publics et communs.*

10 **mai** 1838. -- L. sur les *attributions* des *conseils généraux* et d'arrondissement.

20 **mai** 1838. -- L. sur les *vices rédhibitoires* dans les *ventes d'animaux domestiques.*

25 **mai** 1838. -- L. sur les *justices de paix* (V. L. 28 floréal an X.)

28 **mai** 1838. -- L. sur les *faillites* et *banqueroutes.*

30 **juin** 1838. -- L. sur les *aliénés* (V. O. 7 décembre 1839 ; 2 mai 1844.)

24 **aout** 1838. -- O. sur l'*organisation* de la *garde municipale* de Paris (V. O. 26 juillet , 1ᵉʳ octobre , 15 novembre 1839 ; 1ᵉʳ juillet 1841.)

11 **octobre** 1838. -- O. relative à l'*imprimerie royale* (V. O. 23 juillet, 19 et 26 mai 1823 ; 5 novembre 1828.)

31 **octobre** 1838. -- O. sur l'*école forestière* (V. O. 21 décembre 1840 ; 15 décembre 1841.)

31 **octobre** 1838. -- O. sur l'*administration civile* de l'Algérie (V. O. 21 août 1839 ; 30 novembre 1844 ; 15 avril 1845 ; 2 janvier 1846 ; 1ᵉʳ septembre 1847.)

28 **novembre** 1838. -- O. sur les *frais de justice criminelle.* (V. suprà L. 5 pluviôse an XIII.)

17 **janvier** 1839. -- O. concernant les *agrégés* et *maîtres* d'études.

29 JANVIER 1839. -- O. sur les *colléges communaux* (V. O. 23 novembre 1832.)

26 FÉVRIER 1839. -- O. sur l'*organisation* des *poudres et salpêtres* (suprà O. 15 juillet 1818.)

31 OCTOBRE 1839. -- O. relative aux *percepteurs* des *contributions directes* (V. O. 28 février 1848.)

13 NOVEMBRE 1839. -- O. relative à la *police sanitaire* (V. O. 2 décembre 1839 ; 18 avril 1847.)

24 DÉCEMBRE 1839. -- O. relative à la *caisse* des *depôts et consignations* (V. suprà L. 28 nivôse an XIII ; **V.** O. 13 janvier 1847.)

25 DÉCEMBRE 1839. -- O. concernant la *poste aux chevaux*.

5 JANVIER 1840. -- O. relative à l'*instruction morale et religieuse* des *esclaves* aux *colonies*. (V. O. 18 mai, 2 et 5 juin 1846 ; L. 9 août 1847.)

17 MARS 1840. -- O. portant *institution de prix* dans les *facultés de droit*. (V. suprà L. 22 ventôse an XII ; V. O. 22 mars, 25 juin 1840 ; 6 juillet 1841.)

24 MARS 1840. -- O. sur les *agrégés* auprès des *facultés des lettres*. (V. O. 28 mars, 10 avril, 10 juin 1840.)

23 AVRIL 1840. -- L. sur les *tabacs*. (V. suprà 31 décembre 1817.)

10 JUIN 1840. --- L. relative à la *translation des restes mortels de l'Empereur Napoléon*.

17 JUIN 1840. --- L. sur le *sel*. (V. O. 7 mars 1841 ; 27 novembre 1843.)

23 JUILLET 1840. — O. sur le *gouvernement* des *établis-sements français dans l'Inde*. (V. O. 24 mai , 6 et 7 septembre , 31 octobre 1840 ; 7 février 1842 ; 30 septembre 1843.)

27 SEPTEMBRE 1840. — O. sur les *écoles de pharmacie*. (V. suprà Arr. 25 thermidor an XI ; V. O. 13 et 23 octobre 1840 ; 13 mars 1842.)

24 OCTOBRE 1840. — O. sur les *haras*. (V. suprà O. 28 mai 1822 ; V. O. 10 novembre 1847.)

8 JANVIER 1841. — O. relative à l'*organisation* de l'ad-ministration des *contributions directes*.

21 FÉVRIER 1841. — O. sur les *établissements* généraux de *bienfaisance* et d'*utilité publique*. (V. O. 6 juillet 1846.)

22 MARS 1841. — L. sur le *travail des enfants* dans les *manufactures*.

18 AVRIL 1841. — O. déterminant les formes des *avis donnés par les tribunaux* sur les *projets de lois*.

3 MAI 1841. — L. sur l'*expropriation* pour cause d'*uti-lité publique*.

1ᵉʳ JUIN 1841. — L. sur les *ventes judiciaires* de *biens immeubles*. (V. O. 10 octobre 1841.)

25 JUIN 1841. — L. sur les *ventes aux enchères* de *marchandises neuves*.

7 AOUT 1841. —O. relative au *mobilier* des *préfectures*.

8 SEPTEMBRE 1841. — O. sur l'*organisation* de l'*armée*. (V. suprà O. 12 mai 1814 ; V. O. 7 décembre 1841 ; 27 décembre 1842.)

23 SEPTEMBRE 1841. —O. sur l'*organisation* des *sapeurs-pompiers* à Paris. (V. suprà O. 7 novembre 1821.)

11 JANVIER 1842. — O. concernant le corps des *équipages militaires*. (V. suprà O. 4 décembre 1822.)

28 MARS 1842. — O. sur l'*organisation* de l'*inspection des finances*. (V. O. 21 décembre 1844.)

24 MAI 1842. — L. relative à la *saisie* des *rentes constituées* sur particuliers.

24 MAI 1842. — L. relative aux *portions de routes délaissées* par suite de *changement de tracé*.

11 JUIN 1842. — L. relative à l'*établissement* de *grandes lignes* de *chemins de fer*. (V. O. 22 juin 1842 ; L. 26 juillet , 2 août 1844 ; 19 juillet 1845.)

12 JUIN 1842. — O. sur la *surveillance* des *tontines*. (V. suprà Av. 1er avril 1809.)

7 AOUT 1842. — O. relative à l'indemnité de *logement* due aux ministres du *culte protestant* ou *israélite*.

13 DÉCEMBRE 1842. — O. relative à l'*importation* et au *transit* de la *librairie*. (V. O. 13 mars 1844.)

15 DÉCEMBRE 1842. — O. relative à la *comptabilité* des *écoles normales primaires*. (V. O. 7 juillet 1844 ; 18 novembre , 6 décembre 1845.)

23 DÉCEMBRE 1842. — O. portant création de *ministres d'Etat*.

4 JANVIER 1843. —O. sur la *discipline* du *notariat*. (V. suprà D. 29 septembre 1791.)

3 FÉVRIER 1843. — O. relative aux *compagnies de cavaliers-vétérans*.

19 FÉVRIER 1843. -- O. qui *autorise l'administration des postes à transiger* dans les affaires qui la concernent.

18 MARS 1843. -- O. relative au corps des *vétérinaires militaires*.

23 MAI 1843. -- O. relative aux *bateaux à vapeur*. (V. O. 15 juin 1844.)

18 JUIN 1843. -- L. sur le *tarif* des *commissaires-priseurs*. (V. suprà L. 27 ventôse an IX.)

21 JUIN 1843. -- L. sur la *forme* des *actes notariés*.

30 JUIN 1843. -- O. relative aux *écoles d'arts et métiers*. (V. suprà O. 26 février 1817.)

6 DÉCEMBRE 1843. -- O. sur les *cimetières*. (V. suprà D. 23 prairial an XII.)

14 MAI 1844. -- O. sur le *service administratif* de la marine. (V. suprà D. 29 avril 1791 ; V. O. 21 décembre 1844 ; 22 juin 1847.)

25 MAI 1844. -- O. portant *règlement* pour l'organisation du *culte israélite*. (V. D. 11 décembre 1808 ; O. 22 mars , 6 août 1831.)

5 JUILLET 1844. -- L. sur les *brevets d'invention*. (V. suprà D. 31 décembre 1790.)

7 JUILLET 1844. -- O. sur les *charges locatives* des *logements* dans les *édifices publics*. (V. O. 21 décembre 1844.)

21 JUILLET 1844. -- O. relative aux *lettres recommandées*. (V. O. 3 juillet 1846.)

3 AOUT 1844. -- L. relative au *droit de propriété* des *veuves et enfants d'auteurs d'ouvrages dramatiques*.

5 AOUT 1844. -- O. sur les membres de la *chambre des mises en accusation (Cours d'appel).* (V. suprà O. 24 septembre 1828 ; V. O. 18 janvier 1846.)

26 AOUT 1844. -- O. sur la *comptabilité* des *matières* appartenant à l'*Etat.* (V. O. 25 janvier, 20 avril et 13 décembre 1845.)

1er OCTOBRE 1844. -- O. sur le *droit de propriété* en *Algérie.* (V. O. 21 juillet 1845 ; 21 juillet, 15 août 1846.)

4 NOVEMBRE 1844. -- O. sur l'*organisation* du *dépôt général de la guerre.* (V. O. 16 juillet 1845.)

14 NOVEMBRE 1844. -- O. sur les *maîtres d'études* des *colléges royaux et communaux.* (V. O. 8 août, 10 novembre et 6 décembre 1845.)

17 NOVEMBRE 1844. -- O. sur les *franchises.* (V. O. 18 mars, 20 juin, 27 novembre 1845 ; 15 juillet 1846 ; 16 mai 1847.)

14 DÉCEMBRE 1844. -- O. sur l'organisation des *administrations centrales* des *ministères.* (V. O. 15, 16, 17, 24 et 27 décembre 1844 ; 2 mai 1845 ; 30 décembre 1846.)

21 DÉCEMBRE 1844. -- O. relative à la *nomination* des *lieutenants de louveterie.* (V. Arr. 19 pluviôse an V; O. 20 juin 1845.)

2 MARS 1845. -- O. sur la *translation des détenus* par *voitures cellulaires.*

25 AVRIL 1845. -- L. relative à la *translation* du *domicile politique.*

29 AVRIL 1845. -- L. sur les *irrigations*. (V. L. 11 juillet 1847.)

20 MAI 1845. -- O. relative à la *police sanitaire.*

7 JUIN 1845. -- O. sur la *répartition des frais* de construction des *trottoirs*.

10 JUIN 1845. -- L. relative à l'*importation* des *machines et mécaniques*.

21 JUIN 1845. -- L. relative à la *suppression du casuel* des *juges de paix*. (V. O. 6 décembre 1845.)

22 JUIN 1845. -- L. relative aux *caisses d'épargne*.

8 JUILLET 1845. -- O. sur les *extractions de matériaux* pour *chemins*.

15 JUILLET 1845. -- L. sur la *police des chemins de fer*. (V. L. 19 juillet 1845 ; O. 15 novembre 1846.)

19 JUILLET 1845. -- L. sur le *Conseil d'Etat*. (V. O. 22 août, 30 novembre 1845 ; 27 décembre 1846.)

19 JUILLET 1845. -- L. sur la vente des *substances vénéneuses*. (V. O. 29 octobre 1846 ; D. 8 juillet 1850.)

1er NOVEMBRE 1845. -- O. sur le nombre des *employés au service* de l'*artillerie*.

7 DÉCEMBRE 1845. -- O. relative au *Conseil de l'Université* et aux *Conssils académiques*. (V. O. 1er novembre 1846.)

5 JANVIER 1846. -- O. sur l'*organisation* des *archives du royaume*.

19 JANVIER 1846. -- O. sur la taxe allouée aux *gendarmes* pour *droits de capture*.

27 JANVIER 1846. -- O. sur les établissements d'éclairage au *gaz hydrogène*. (V. suprà O. 23 août 1824 ; V. O. 25 mars 1838.)

10 MAI 1846. -- L. sur la perception des *droits d'octroi* sur les *bestiaux*.

23 JUIN 1846. -- L. sur la *pêche maritime*. (V. D. 8 décembre 1790 ; Arr. 9 germinal an IX ; O. 14 août 1816 ; 13 mai 1818 ; 4 janvier 1822 ; 27 septembre 1826 ; 3 janvier 1828 ; 23 juin 1843.)

15 JUILLET 1846. -- O. relative au titre de *premier avocat général*.

2 NOVEMBRE 1846. -- O. sur les *traitements* des *magistrats*.

30 DÉCEMBRE 1846. -- O. sur le *mode de constatation* de l'*indigence*.

31 DÉCEMBRE 1846. -- O. sur l'*école* des *chartres*. (V. suprà O. 11 novembre 1829.)

3 JUIN 1847. -- O. relative aux *concessions d'immeubles* en *Algérie*. (V. O. 1er septembre 1847.)

22 JUILLET 1847. -- L. relative au *défrichement des bois*.

29 AOUT 1847. -- O. modifiant le *règlement* de la *cour de cassation*. (V. O. 15 janvier 1826.)

28 SEPTEMBRE 1847. -- O. sur l'*organisation municipale* en *Algérie*. (V. suprà O. 31 octobre 1838.)

5 NOVEMBRE 1847. -- O. établissant une *commission de surveillance* près les *maisons centrales*.

14 DÉCEMBRE 1847. -- O. sur la *rentrée des cours et tribunaux*.

IIIme PARTIE.

BULLETIN DES LOIS. — 10me SÉRIE.

République Française.

---

24 FÉVRIER 1848. — Proclamation du *Gouvernement provisoire* au Peuple français. (V. Proclamation et Arr. 24, 25, 26, 27 février, 1er, 2 et 8 mars 1848.)

25 FÉVRIER 1848. — Arr. portant que la *justice* sera *rendue au nom du Peuple français.* (V. Arr. 13 mars 1848.)

28 FÉVRIER 1848. — D. rétablissant dans l'*armée* le titre de *général de division et de brigade.*

29 FÉVRIER 1848. — D. *abolissant* les *titres de noblesse.*

1er MARS 1848. — D. *abolissant* le *serment des fonctionnaires.* (V. D. 25 février 1848.)

5 MARS 1848. — D. convoquant les *assemblées électorales*, fixant les *bases de l'élection.* (V. Instruction 8 et 13 mars 1848.)

7 MARS 1848. — Arr. relatif aux *couleurs nationales.*

8 MARS 1848. — Arr. sur l'établissement d'une *école d'administration* (V. L. 9 août 1849.)

8 MARS 1848. — D. relatif aux *annonces judiciaires.*

9 MARS 1848. — D. prononçant la *suspension* de la *contrainte par corps*. (V. D. 12 et 19 mars, 19 mai 1848.)

12 MARS 1848. — D. *abolissant* les *peines corporelles* dans la *marine*. (V. D. 16 nivôse an III.)

16 MARS 1848. — D. établissant une *contribution extraordinaire* de 45 *centimes*. (V. D. 4 avril 1848.)

16 MARS 1848. — *Proclamation* du *Gouvernement provisoire* au Peuple français sur les *élections*. (V. Proclamation 18, 26 et 30 mars 1848 ; Av. 4 avril 1848 ; Proclamation 21 avril 1848.)

22 MARS 1848. — D. relatif au *jugement des délits de presse* contre les *fonctionnaires*.

22 MARS 1848. — D. relatif aux *gardiens de Paris*.

23 MARS 1848. — D. qui *abroge* le *premier paragraphe* de l'*art*. 119 *du C. d'Inst. Crim.*.

23 MARS 1848. — D. relatif aux *protêts*. (V. D. 29 mars 1848.)

24 MARS 1848. — D. qui *suspend* le *travail dans les prisons* (V. L. 9 janvier, arr. 7 février 1849.)

24 MARS 1848. — D. *modifiant* les *art*. 178, 179 du *Code de commerce*. (V. D. 28 août 1848.)

24 MARS 1848. — D. sur les *suspensions prononcées contre les magistrats*. (V. D. 17 avril 1848.)

31 MARS 1848. — D. sur les *engagements volontaires*. (V. D. 10 juillet 1848.)

4 AVRIL 1848. — D. sur les *retenues* à faire sur les *traitements*.

12 AVRIL 1848. — D. qui *abolit* la peine de l'*exposition*.

15 AVRIL 1848. — D. sur l'*abolition* de l'*impôt du sel*. (V. L. 28 décembre 1848 ; 13 janvier 1849.)

18 AVRIL 1848. — D. relatif à la *réhabilitation des condamnés*.

19 AVRIL 1848. — *Proclamation* concernant les *clubs* (V. D. 28 juillet 1848; L. 19 juin 1849; D. 8 déc. 1851.)

27 AVRIL 1848. — D. relatif à l'*abolition de l'esclavage* dans les *colonies*. (V. D. 2 mai , 21 octobre 1848 ; L. 6 décembre 1850 ; 11 février 1851.)

30 AVRIL 1848. — Arr. sur le *costume* des *représentants du Peuple*.

1er MAI 1848. — D. sur la *constitution provisoire* de l'*Asssmblée nationale*. (V. Proclamation 3 mai 1848.)

2 MAI 1848. — D. relatif à l'*organisation* de la *cour des comptes*. (V. Arr. 21 novembre 1848.)

2 MAI 1848. — D. relatif au *défrichement des bois*. (V. Arr. 4 mai 1848.)

3 MAI 1848. — D. sur la *nomination* des *commisaires et greffiers* des *conseils de guerre et de révision*. (V. D. 6 juillet 1849.)

8 MAI 1848. — Arr. relatif au *conseil d'amirauté*.

4 MAI 1848. — *Proclamation* de l'*assemblée nationale*. (V. Proclamations 14 , 15 , 19 et 22 mai 1848.)

11 MAI 1848. — *Règlement* de l'*assemblée nationale*.

26 MAI 1848. — D. de *bannissement de Louis-Philippe et de sa famille*.

27 MAI 1848. — D. relatif aux *conseils de prud'hommes.* (V. D. 6 juin 1848.)

30 MAI 1848. — D. relatif aux *ateliers nationaux* (V. L. 16 janvier 1849.)

7 JUIN 1848. — L. sur les *attroupements.*

14 JUIN 1848. — D. sur l'*incompatibilité* des *fonctions publiques* avec le *mandat de représentant.*

19 JUIN 1848. — D. relatif aux *chambres de commerce* et des *arts et manufactures.* (V. Arr. 19 décembre 1848.)

23 JUIN 1848. — D. par lequel l'*Assemblée nationale* se déclare en *permanence.* (V. D. 24 juin 1848 et jours suivants.)

3 JUILLET 1848. — D. relatif au *renouvellement* des *conseils municipaux, d'arrondissement et de département.* (V. Arr. 3 août 1848.)

5 JUILLET 1848. — Arr. sur l'*organisation centrale* du *département de la guerre.* (V. Arr. 30 décembre 1848 ; 10 janvier, 28 novembre, 15 décembre 1849 ; 8 janvier, 13 juin 1850.)

14 JUILLET 1848. — Arr. sur les indemnités aux *officiers généraux* pour *frais de représentation et de bureau.*

15 JUILLET 1848. — D. concernant les *associations d'ouvriers* pour les *entreprises de travaux publics.* (V. Arr. 18 août 1848.)

19 JUILLET 1848. — D. sur l'*admission gratuite* dans les *écoles polytechnique et militaire.* (V. D. 4 août, 24 octobre 1848 ; 8 février 1849.)

7 AOUT 1848. — D. sur le *jury*. (V. D. 18 octobre 1848.)

9 AOUT 1848. — D. sur le *cautionnement* des *journaux et écrits périodiques*. (V. D. 11 août 1848 ; L. 21 avril 1849.)

16 AOUT 1848. — D. organique sur l'*administration* en *Algérie*. (V. Arr. 20 août , 30 novembre , 19 décembre 1848 ; 17 janvier 1850.)

22 AOUT 1848. — D. relatif aux *concordats amiables*. (V. L. 12 novembre 1849.)

24 AOUT 1848. — D. relatif à la *taxe des lettres*.

9 SEPTEMBRE 1848. — D. relatif aux *heures de travail* dans les *manufactures*. (V. D. 17 mai 1851.)

12 SEPTEMBRE 1848. — Arr. qui modifie la *forme* de la *décoration* de la *Légion-d'honneur*.

3 OCTOBRE 1848. — D. relatif à l'*enseignement agricole*. (V. L. 20 mars 1851.)

11 OCTOBRE 1848. — D. *abrogeant la loi de* 1832 en ce qui concerne le *bannissement de la famille Bonaparte*.

28 OCTOBRE 1848. — D. relatif à l'*élection du Président de la République*. (V. D. 12 décembre 1848 ; Procès-verbal 20 décembre 1848.)

4 NOVEMBRE 1848. — *Constitution* de la *République française*. (V. L. 6 novembre 1848 ; Résolution 2 mars 1849 ; D. 2 décembre 1851.)

11 NOVEMBRE 1848. — L. sur l'*organisation* de l'*école polytechnique*. (V. D. 18 août 1851.)

15 NOVEMBRE 1848. — L. relative aux *associations ouvrières*.

18 NOVEMBRE 1848. — L. sur les *colonies agricoles* en *Algérie.*

27 NOVEMBRE 1848. — L. sur la *distribution des bourses* dans les *lycées.* (V. Règl. 25 juillet 1849.)

11 DÉCEMBRE 1848. — Arr. concernant les *haras.*

13 DÉCEMBRE 1848. — L. relative aux *réfugiés.* (V. L. 6 novembre 1849.)

13 DÉCEMBRE 1848. — L. sur la *contrainte par corps.* (V. Arr. 24 mars 1849.)

14 DÉCEMBRE 1848. — D. relatif aux *indemnités* des *agents politiques et consulaires* pour *établissement.*

15 DÉCEMBRE 1848. — Arr. fixant le *traitement des Préfets* et supprimant les *secrétaires généraux.* (V. D. 18 prairial an XIII.)

18 DÉCEMBRE 1848. — Arr. sur l'*organisation* des *conseils d'hygiène et de salubrité.*

18 DÉCEMBRE 1848. — Arr. sur les *agrégés* des *facultés des sciences et lettres.*

19 DÉCEMBRE 1848. — Arr. relatif aux *écoles nationales d'arts et métiers.*

26 DÉCEMBRE 1848. — Arr. relatif à la *commission de surveillance* des *tontines.*

30 DÉCEMBRE 1848. — D. relatif aux *conflits d'attributions judiciaires en Algérie.*

3 JANVIER 1849. — L. qui *abroge* le *décret du 29 mars 1848* sur les *effets de commerce.*

6 JANVIER 1849. — Arr. sur la *fixation des traitements* des *magistrats de l'ordre judiciaire.*

9 JANVIER 1849. — L. relative au *travail dans les pri-sons*.

10 JANVIER 1849. — L. sur l'*assistance publique*. (V. Arr. 24 avril 1849.)

13 JANVIER 1849. — L. relative à l'*organisation* du *Conseil d'Etat*. (V. D. 15 mars 1848 ; Règl. 15 juin, 16 juillet 1850 ; D. 11, 13, 15 et 16 déc. 1851.)

16 JANVIER 1849. — L. relative à l'*application* de l'*impôt des mutations* aux *biens de main-morte*.

17 JANVIER 1849. — L. sur les *majorats et substitu-tions*.

18 JANVIER 1849. — Arr. sur l'*exposition* des *produits agricoles et industriels*.

19 JANVIER 1849. — L. fixant le *traitement* du *vice-président de la République*. (V. Procès-verbal 20 janvier 1849.)

19 JANVIER 1849. -- L. relative à l'*indemnité aux colons* pour *affranchissement* d'*esclaves*. (V. D. 24 novembre 1849.)

20 JANVIER 1849. -- Arr. sur l'*hôtel* des *invalides*. (V. D. 12 avril 1850.)

24 JANVIER 1849. -- Arr. sur la *garde nationale mobile* de *Paris*. (V. Arr. 1er février et 28 mars, 12 décembre 1849 ; L. 28 janvier 1850.)

29 JANVIER 1849. -- L. relative à la *dissolution* de l'*assemblée constituante* de 1848.

7 FÉVRIER 1849. Arr. sur les *préposés à la garde* des *maisons centrales* de *force* et de *correction*.

8 FÉVRIER 1849. -- L. *électorale*. (V. L. 31 mai 1850 ; D. 2 décembre 1851.)

15 FÉVRIER 1849. -- L. relative à la *célébration* de l'anniversaire de la *révolution* de *février* 1848.

9 MARS 1849. -- Arr. concernant les *exécuteurs* des *arrêts criminels*. (V. D. 26 juin 1850.)

22 MARS 1849. — L. modifiant l'*art*. 9 du *Code civil*.

31 MARS 1849. — Résolution sur la *politique extérieure*. (V. Résolution 24 mai 1848 ; 8 et 23 mai 1849.)

6 AVRIL 1849. — Arr. concernant la *garde républicaine* de *Paris*. (V. D. 4 août, 27 octobre 1849.)

26 AVRIL 1849. — Arr. concernant les *sapeurs-pompiers* de *Paris*. (V. D. 27 avril 1850.)

29 AVRIL 1849. — Arr. relatif à l'organisation des *conservations forestières*.

2 MAI 1849. — L. relative à la *célébration de l'anniversaire* du 4 *mai* 1849.

6 MAI 1849. — Arr. snr des *établissements dangereux, insalubres* ou *incommodes*.

9 MAI 1849. -- Arr. sur le *concours pour la nomination* des *auditeurs au Conseil d'Etat*.

18 MAI 1849. — Arr. sur le *traitement* des fonctionnaires des *facultés de droit et des lettres*.

26 MAI 1849. — *Règlement* du *Conseil d'Etat*. (V. L. 13 janvier 1849 ; D. 2 , 16 décembre 1851.)

19 JUIN 1849. — L. sur les *clubs* ou *réunions politiques*. (V. L. 6 juin 1850 ; 21 juin 1851 ; D. 8 décembre 1851.)

7 JUILLET 1849. — L. sur la *concentration* du *commandement des troupes et des gardes nationales.*

27 JUILLET 1849. — L. sur la *presse.*

8 AOUT 1849. — L. relative à l'*organisation militaire.* (V. D. 26 décembre 1851.)

9 AOUT 1849. —. L. sur l'*état de siège.* (V. Arr. C. Cass. 1832.)

9 AOUT 1849. — L. relative à l'*école d'administration.*

29 AOUT 1849. — D. établissant une *commission de surveillance* des *prisons.*

26 SEPTEMBRE 1849. — D. relatif à l'*institution* des *cours et tribunaux.*

11 OCTOBRE 1849. — D. réglant le costume des membres du *tribunal des conflits.*

11 OCTOBRE 1849. — L. modificative du *Code pénal* (art. 414 et suivants.)

16 OCTOBRE 1849. — L. sur le *double emploi* des *timbres-postes.*

18 OCTOBRE 1849. — D. relatif à l'*école des chartes.* (V. O. 31 décembre 1846.)

31 OCTOBRE 1849. — L. relative à une *enquête* sur les *services de la marine.*

13 NOVEMBRE 1849. — L. sur la *naturalisation* et le *séjour* des *étrangers* en France.

19 NOVEMBRE 1849. — L. sur les *nominations* dans la *Légion-d'honneur.*

22 NOVEMBRE 1849. — D. supprimant le *certificat d'études* exigé pour le *diplôme de bachelier ès lettres.*

29 NOVEMBRE 1849. — L. sur les *circonscriptions électorales.*

20 DÉCEMBRE 1849. -- L. sur les *boissons*.

29 DÉCEMBRE 1849. --- D. sur le dépôt des *cartes et plans* de la *marine*.

31 DÉCEMBRE 1849. --- D. relatif à l'*octroi de Paris*. (V. D. 30 septembre 1850.)

2 JANVIER 1850. -- L. modifiant l'*art*. 172 du *C. d'Inst. Crim.*

11 JANVIER 1850. - - L. relative aux *instituteurs communaux*. (V. L. 15 mars 1850.)

12 JANVIER 1850. --- D. relatif à l'*importation* des *minerais de l'Algérie*.

14 JANVIER 1850. -- D. relatif à l'*importation* pour mouture des *blés étrangers*. (V. D. 1er juin 1850.)

24 JANVIER 1850. -- L. relative à la *transportation* en *Algérie* des insurgés de juin. (V. D. 31 janvier 1850 ; 8 décembre 1851.)

30 JANVIER 1850. -- L. relative au *haras de St.-Cloud*. (V. D. 9 avril 1851.)

1er FÉVRIER 1850. -- Règl. sur la *comptabilité des matières*. (Département de l'agriculture et du commerce).

1er FÉVRIER 1850. -- D. relatif au *comité consultatif d'hygiène publique*. (V. D. 2 décembre 1850.)

4 FÉVRIER 1850. -- L. relative à la *liquidation* de la *liste civile*.

4 FÉVRIER 1850. -- L. sur l'*organisation* du *tribunal des conflits*. (V. suprà 11 octobre 1849 ; V. Règl. 26 octobre 1849 ; D. 13 juin 1850 ; 9 décembre 1851.)

4 FÉVRIER 1850. -- D. concernant les *archivistes des départements.*

10 FÉVRIER 1850. -- D. *supprimant* les *lazarets.* (V. D. 24 juillet 1850.)

27 FÉVRIER 1850. -- L. relative à la *surveillance* des *chemins de fer.* (V. D. 27 mars 1851.)

7 MARS 1850. -- L. relative aux *conventions* entre *patrons et ouvriers tisseurs et bobineurs.*

15 MARS 1850. -- L. sur l'*enseignement.* (V. Règl. 8 mai , 29 juillet , 7 octobre et 20 décembre 1850.)

13 AVRIL 1850. -- L. sur l'*assainissement* des *logements insalubres.*

20 AVRIL 1850. -- D. relatif au *traitement* et à l'*âge* des *instituteurs communaux.* (V. D. 1er octobre 1850.)

26 AVRIL 1850. -- D. sur l'*administration centrale* des *postes.*

27 AVRIL 1850. -- D. concernant le *théâtre français.*

29 AVRIL 1850. -- L. relative aux *caisses d'épargne.*

30 AVRIL 1850. -- D. sur l'*âge des candidats* aux *perceptions des contributions directes.*

11 MAI 1850. -- D. relatif à l'*organisation* de la *gendarmerie mobile.*

17 MAI 1850. -- D. sur la *fourniture des étoffes* pour l'*habillement des troupes.*

22 MAI 1850. -- D. relatif à la *contribution spéciale* pour les *chambres et bourses de commerce.*

23 MAI 1850. -- D. sur les *chefs-lieux d'académie* et *traitéménts universitaires.* (V. D. 5 août 1850.)

31 MAI 1850. — L. *électorale.* (V. L. 15 mars 1849 ; D. 2 décembre 1851.)

26 JANVIER 1850. — L. relative aux *écoles polytechnique , militaire , navale.* (V. D. 11 août 1850 ; 9 avril 1851.)

5 JUIN 1850. — L. relative au *timbre* des *effets de commerce.* (V. D. 27 juillet 1850.)

6 JUIN 1850. — D. relatif au *jugement des comptes* par la *cour des comptes.*

6 JUIN 1850. — D. relatif aux *cautionnement* des *receveurs d'établissements charitables.*

8 JUIN 1850. — L. sur la *déportation.*

12 JUIN 1850. — L. relative au *tombeau de l'Empereur Napoléon.*

13 JUIN 1850. — L. sur les *récompenses nationales* aux *blessés de mai et juin* 1848. (V. D. 26 novembre 1851.)

14 JUIN 1850. — L. relative aux heures d'*ouverture et fermeture* des *bureaux de douanes.*

18 JUIN 1850. — L. sur la *caisse de retraite* ou *rentes viagères pour la vieillesse.* (V. L. 13 novembre 1850 ; 27 mars 1851.)

2 JUILLET 1850. — L. relative aux *mauvais traitements* envers les *animaux domestiques.*

5 JUILLET 1850. — L. sur l'*admission* et l'*avancement* dans les *fonctions publiques.* (V. D. 24 déc. 1851.)

8 JUILLET 1850. — D. relatif à la *vente des substances vénéneuses.*

10 JUILLET 1850. — L. relative à la *publicité des contrats de mariage*.

15 JUILLET 1850. — L. sur les *sociétés de secours mutuels*. (V. D. 14 juin 1851.)

16 JUILLET 1850. — L. sur le *cautionnement des journaux , timbre des écrits périodiques*.

22 JUILLET 1850. — L. relative au *défrichement des bois*. (V. D. 29 septembre 1850.)

30 JUILLET 1850. — L. sur la *police des théâtres*. (V. L. 30 juillet 1851.)

5 AOUT 1850. — L. sur le *patronage* des *jeunes détenus*.

6 AOUT 1850. — D. sur la *cessation du cours forcé* des *billets de la banque de France*.

7 AOUT 1850. — L. sur la *presse* dans les *colonies*.

7 AOUT 1850. — L. sur le *timbre et enregistrement* des *actes des conseils de prud'hommes*.

7 AOUT 1850. — D. concernant l'*école française d'Athènes*.

11 AOUT 1850. — D. sur la *comptabilité publique (durée des exercices)*. (V. O. 31 mai 1838.)

1ᵉʳ SEPTEMBRE 1850. — D. sur l'*organisation* du *ministère de l'agriculture et du commerce*.

19 SEPTEMBRE 1850. — D. sur l'*organisation* du *dépôt de la guerre*.

29 SEPTEMBRE 1850. — D. fixant les prix de *vente des poudres de mines , de commerce extérieur et de chasse*.

7 OCTOBRE 1850. — D. relatif à l'*intendance militaire*. (V. D. 31 décembre 1850.)

11 OCTOBRE 1850. — D. sur la *répartition* du *fonds commun* pour *édifices départementaux*.

28 OCTOBRE 1850. — D. sur l'*élection du président* de l'*ordre des avocats* au Conseil d'Etat et à la Cour de cassation.

31 OCTOBRE 1850. — D. relatif aux *cautionnements* des *agents* des *finances*.

31 OCTOBRE 1850. — D. relatif aux *dégrèvements* pour *cotes irrécouvrables* (contributions directes.)

4 NOVEMBRE 1850. — D. relatif à la *vente des chevaux morts* provenant des corps ou dépôts.

11 NOVEMBRE 1850. — D. relatif aux *dépêches non contresignées* adressées aux *fonctionnaires*.

25 NOVEMBRE 1850. — L. relative aux *comptes rendus* des *travaux* de l'*Etat*.

27 NOVEMBRE 1850. — L. sur la *convention* d'*extradition* entre la France et la Saxe (V. L. 29 et 31 janv 1851.)

29 NOVEMBRE 1850. — L. sur la *correspondance télégraphique privée*. (V. D. 27 décembre 1851.)

30 NOVEMBRE 1850. — L. sur le *recrutement* des *ingénieurs des ponts et chaussées*. (V. D. 23 août 1851 ; Régl. 13 octobre 1851.)

5 DECEMBRE 1850. — D. sur les *conditions* de la *faculté* d'*enseignement* pour les *étrangers*.

6 DECEMBRE 1850. — L. relative au *désaveu de paternité* en cas de *séparation de corps*.

9 DECEMBRE 1850. — D. sur les *distinctions honorifiques* pour les *membres* de l'*enseignement*. (V. D. 16 janvier 1851.)

10 DÉCEMBRE 1850. -- L. sur le *mariage des indigents* et la *légitimation de leurs enfants.*

12 DÉCEMBRE 1850. -- Arr. sur la *comptabilité des matières* du ministère de la marine.

19 DÉCEMBRE 1850. -- L. relative au *délit* d'*usure.*

19 DÉCEMBRE 1850. -- D. sur l'*établissement* du *télégraphe électrique sous-marin.*

20 DÉCEMBRE 1850. -- D. relatif aux *établissements particuliers* d'*instruction secondaire.* (V. D. 29 décembre 1850 ; 30 janvier 1851.)

30 DÉCEMBRE 1850. -- L. sur le *traité de commerce et navigation* et la *convention littéraire* avec la Sardaigne.

24 DÉCEMBRE 1850. D. sur la police sanitaire.

30 DÉCEMBRE 1850. -- D. relatif aux *pensionnats primaires.*

5 JANVIER 1851. -- D. relatif à la *retenue* sur le *traitement des instituteurs* pour la *caisse d'épargne.* (V. O. 13 février 1838.)

11 JANVIER 1851. -- L. relative au *régime commercial* de l'*Algérie.* (V. D. 20 janvier 1851.)

21 JANVIER 1851. -- L. relative à l'exercice de la *contrainte par corps* contre les *représentants.*

22 JANVIER 1851. -- L. sur l'*assistance judiciaire.*

3 FÉVRIER 1851. -- L. qui ouvre un crédit pour encourager la création de *bains et lavoirs publics.*

7 FÉVRIER 1851. — L. sur l'*état civil* des *individus nés en France* d'*étrangers régnicoles ou naturalisés.*

13 FÉVRIER 1851. — D. relatif aux *fonctions de secrétaire* dans les *facultés* de droit , de médecine , etc. .

14 FÉVRIER 1851. — D. relatif au *traitement* des *archivistes paléographes*. (V. suprà 4 février 1850.)

22 FÉVRIER 1851. — L. relative aux *contrats d'apprentissage*.

10 MARS 1851. — D. sur les *écoles vétérinaires*. (V. D. 6 septembre 1851.)

15 MARS 1851. — L. transitoire sur la *garde nationale*. (V. L. 13 juin 1851.)

20 MARS 1851. — L. sur les *comices agricoles*, les *chambres* et le *conseil général d'agriculture*.

24 MARS 1851. — D. relatif à l'ordre de la *Légion-d'honneur*. (V. D. 31 décembre 1851.)

24 MARS 1851. — D. sur les *écoles normales primaires*. (V. D. 31 mars 1851.)

27 MARS 1851. — L. sur la *répression de fraudes* dans la *vente de marchandises*. (V. D. 14 septembre 1851.)

31 MARS 1851. — D. concernant les *concessions de bâtiments aux évêques* pour l'établissement d'*écoles libres*.

5 AVRIL 1851. — L. sur les *secours et pensions* aux *sapeurs-pompiers* ou *gardes nationaux victimes de leur zèle*.

9 AVRIL 1851. — D. sur l'*organisation* du *conseil général des manufactures et du commerce*.

25 AVRIL 1851. — D. concernant les *interprètes judiciaires en Algérie*.

26 AVRIL 1851. — D. relatif aux *concessions en Algérie*. (V. L. 16 juin 1851.)

1er MAI 1851. — D. relatif aux *dépôts volontaires* à la *caisse des consignations*.

14 MAI 1851. — L. concernant les *avances aux ouvriers*.

30 MAI 1851. — L. sur la *police du roulage*.

5 JUIN 1851. — L. sur la *vente publique* volontaire de *fruits et récoltes* et de *bois taillis*.

13 JUIN 1851. — L. sur la *garde nationale*. (V. D. 1er, 3, 5 septembre, 6 octobre 1851.)

13 JUIN 1851. — L. sur les *sucres*. (V. L. 31 juillet 1851 ; D. 1er septembre, 21 décembre 1851.)

14 JUIN 1851. — L. *ajournant les élections* des *conseils généraux, d'arrondissement et municipaux*. (V. L. 27 novembre 1851.)

19 JUIN 1851. — L. relative à l'*agglomération lyonnaise*. (V. D. 4 septembre 1851.)

24 JUIN 1851. — L. sur les *monts-de-piété*.

30 JUIN 1851. — L. sur les *caisses d'épargne*.

10 JUILLET 1851. — L. sur les *places de guerre* et les *servitudes militaires*.

11 JUILLET 1851. — L. sur les *banques coloniales*. (V. L. 4 août 1851 ; D. 22 décembre 1851.)

22 JUILLET 1851. — L. sur les *grandes pêches maritimes*. (V. D. 20 et 22 août, 29 décembre 1851.)

7 AOUT 1851. — L. sur les *hospices et hôpitaux*.

15 AOUT 1851. — D. sur le *service à bord des bâtiments de la flotte*. (V. D. 1er octobre 1851.)

2 SEPTEMBRE 1851. — D. sur la tenue des *conciles provinciaux* et *synodes diocésains* en 1851.

3 SEPTEMBRE 1851. — D. sur l'*organisation* des *chambres de commerce*.

13 OCTOBRE 1851. — D. sur l'*organisation* de l'école des ponts et chaussées.

2 DÉCEMBRE 1851. — D. prononçant la *dissolution de l'Assemblée nationale législative* et l'appel au Peuple. (V. Proclamation 2 et 8 décembre 1851 ; D. 4, 29 et 31 décembre 1851.)

14

TABLE

ALPHABÉTIQUE.

TABLE ALPHABÉTIQUE.

A.

Agricole (enseignement). — D. 3 octobre 1848 ; 23 décembre 1851.

Agriculture (comices et chambres d'). — L. 20 mars 1851.

Agriculture et commerce (comptabilité des matières). — Règl. 1er février 1850.

Agriculture et commerce (organisation du ministère de l'). — D. 1er septembre 1850.

Algérie (administration de l'). — D. 16 août 1848.
 Id. (administration civile). — O. 10 août 1834 ; 31 octobre 1838 ; D. 17 décembre 1851.

Algérie (colonies agricoles). — L. 18 novembre 1848.

Algérie (concessions d'immeubles). — O. 3 juin 1847 ; D. 26 avril 1851.

Algérie (conflits administratifs). — D. 30 déc. 1848.
 Id. (droit de propriété). — O. 1er octobre 1844.
 Id. (importation de minerais). — D. 12 janvier 1850.

Algérie (interprètes judiciaires). — D. 25 avril 1851.
 Id. (organisation judiciaire). — O. 10 août 1834.
 Id. (Organisation municipale). — O. 28 septembre 1847 ; L. 11 janvier 1851.)

Algérie (service à vapeur avec Toulon). — O. 14 septembre 1835.

Algérie (transportation d'insurgés). — L. 24 janvier 1850.

Aliénés. — L. 30 juin 1838.

Amendes (perception des). — Arr. 1er nivôse an V.

Amendes de police (attribution aux communes ; ré- partition). — Arr. 26 brumaire an X ; O. 30 dé- cembre 1823.

Amendes sur appel (consignation). — Arr. 27 nivôse an X.

Amirauté (conseil d'). — O. 4 août 1824 ; Arr. 3 mai 1848.

Amortissement (comptabilité de la caisse d'). — Arr. 23 messidor an IX ; D. 11 septembre 1808 ; O. 10 juin 1833.

Animaux domestiques (mauvais traitements envers les) L. 2 juillet 1850.

Anniversaire du 21 janvier 1793 (abrogation). — L. 26 janvier 1833.

Anniversaire du 4 mai 1849. — L. 2 mai 1849.

Annonces judiciaires. — D. 8 mars 1848.

Apanages (abolition). — D. 13 août 1790.

Appel au Peuple. — D. 2 décembre 1851.

Apprentissage (contrats d'). — L. 22 février 1851.

Archives nationales (organisation). — D. 7 messidor an II ; O. 5 janvier 1846.

Archivistes des départements (nomination). — D. 4 février 1850.

Archivistes paléographes (traitement). — D. 14 fé- vrier 1851.

Armée française (organisation). — D. 28 février 1790 ; 9 mars 1791 ; 21 février 1793 ; O. 12 mai 1814 ; 8 septembre 1841.

Armée française (avancement). — L. 14 avril 1832.

    Id.   (solde et pensions). — D. 2 thermidor an II ; L. 28 fructidor an VII ; L. 11 avril 1831.

Armée française (état-major). — O. 15 novembre 1830 ; 16 novembre 1837.

Armée navale (avancement). -- L. 14 mai 1837.

Armée navale (solde de retraite). — Arr. 7 brumaire an IX.

Armée navale (code pénal). — D. 21 août 1790.

Armes (fabrication). — D. 8 vendémiaire an XIV.

Armes et munitions de guerre (détention d'). — O. 24 juillet 1816 ; L. 24 mai 1834.

Armoiries des villes. — O. 26 septembre 1814.

Arrêts criminels (exécuteurs des). — O. 7 octobre 1832.

Artillerie et génie. — V. Armée française ; O. 17 décembre 1817 ; 1er novembre 1845.

Artillerie et génie (école d'application). — Arr. 12 vendémiaire an XI ; O. 25 septembre 1837.

Arts et métiers (conservatoire des). — D. 19 vendémiaire an III ; O. 16 avril 1817 ; 9 novembre 1831.

Arts et métiers (écoles nationales). — O. 26 février 1817 ; 30 juin 1848 ; Arr. 19 décembre 1848.

Assemblées électorales. — D. 28 mars 1790 ; D. 5 mars 1848.

Assemblées primaires et administra ives. — D. 22 décembre 1789.

Assemblée nationale (constitution provisoire). — D. 1er mai 1848 ; Proclamation 4 mai 1848.

Assemblée nationale (règlement). — 11 mai 1848.

      Id.   (permanence). — D. 23 juin 1848.

Assemblée constituante (dissolution). — L. 29 janvier 1849.

Assemblée législative (dissolution). — D. 2 décembre 1851.

Assises (composition des cours d'). — L. 4 mars 1831.

Assises (indemnité des présidents ; honneurs qui leur sont dus). — O. 17 mai 1832 ; D. 27 février 1811.

Assises (procédure en matière politique). — L. 9 septembre 1835.

Assistance judiciaire. — L. 22 janvier 1851.

Assistance publique. — L. 10 janvier 1849.

Associations. — L. 10 avril 1834.

Ateliers insalubres. — D. 15 octobre 1810.

Ateliers nationaux. — D. 30 mai 1848.

Athènes (école française d'). — D. 7 août 1850.

Attroupements. — D. 21 octobre 1789 ; L. 10 avril 1831 ; 7 juin 1848.

Aubaine (abolition du droit d'). — D. 6 août 1790.

Auditeurs au conseil d'État (rang dans les cérémonies). — D. 3 juin 1811.

Auditeurs (conseillers et juges). — L. 22 mars 1813.

Aumôniers des régiments. — O. 24 juillet 1816.

Avocat (profession d'). — D. 14 décembre 1810.

Avocats à la cour de cassation (nomination du président de l'ordre). — D. 28 octobre 1850.

Avocat général (titre de premier). — O. 15 juillet 1846.

Avoués (établissement des). — D. 29 janvier 1791.

Asile (salles d'). — O. 22 décembre 1837; L. 15 mars 1850.

B.

Bacealauréat ès lettres (examen du). — O. 17 octobre 1821.

Bachelier ès lettres (suppression du certificat d'études pour l'obtention du diplôme de). — D. 22 novembre 1849.

Bacs et bateaux sur rivières (police des). — L. 6 frimaire an VII.

Bains et lavoirs publics. — L. 3 février 1851.

Banque de France. — L. 24 germinal an XI.

Banque (payements facultatifs en billets de). — Av. 30 frimaire an XIV.

Banque (cessation du cours forcé des billets de). — D. 6 août 1850.

Banques coloniales. — L. 11 juillet 1851.

Bateaux à vapeur. — O. 2 avril 1823.

Bâtiments neutres (navigation). — Arr. 29 frimaire an VIII.

Bénédiction nuptiale (culte judaïque). — Arr. 1er prairial an X.

Bestiaux (droits d'octroi). — L. 10 mai 1846.

Bibliothèques publiques. — D. 8 pluviôse an II.

Bibliothèque royale. — O. 14 novembre 1832.

Bienfaisance publique. — D. 22 floréal an II ; O. 21 février 1841.

Blés étrangers (importation pour mouture). — D. 14 janvier 1850.

Blocus (des îles britanniques). — D. 21 novembre 1806.

Bois communaux (versement du prix des ventes). — O. 5 septembre 1821.

Bois communaux et domaniaux (adjudication des coupes). — O. 20 mai 1837.

Bois (défrichement des). — L. 22 juillet 1847 ; D. 2 mai 1848 ; L. 22 juillet 1850.

Bois (des communes ou particuliers). — Arr. 9 floréal an XI.

Bois volés ou coupés (perquisitions). — Arr. 4 nivôse an V.

Boissons. — L. 21 décembre 1808 ; 20 décembre 1849.

Bonaparte (abrogation de la loi de bannissement des). — D. 11 octobre 1848.

Boucherie (exercice de la). — Arr. 8 vendémiaire an XI ; O. 12 janvier 1825 ; 18 octobre 1829.)

Boulangerie (commerce de la). — Arr. 19 vendémiaire an X.

Bourses dans les colléges. — D. 5 mai 1793 ; 2 mai 1811 ; O. 12 mars 1817 ; 21 janvier 1829 ; L. 27 novembre 1848.

Bourses de commerce (établissement). — L. 28 ventôse an IX.

Bourse (police de la). — L. 28 vendémiaire an IV.)

Brefs et bulles (de la cour de Rome). — D. 9 juin 1791.

Budgets de recettes et dépenses. — L. 17 juillet 1819 ;
31 juillet 1821.

Bulletin des lois (division en deux parties). — O. 31
décembre 1835.

Bulletin des lois (envoi). — Arr. 27 prairial an VIII.

Bureaux de bienfaisance (quêtes dans les églises). —
Arr. 5 prairial an XI. (V. Bureaux de charité.)

C.

Cadastre. — L. 15 septembre 1807.

Cafés et lieux publics (fermeture). — D. 29 décembre 1851.

Caisse des consignations (dépôts volontaires). — D. 1er mars 1851.

Caisses d'épargne. — L. 5 juin 1835 ; 29 avril 1850 ; 30 juin 1851.

Calendrier grégorien (rétablissement du). — S.-C. 23 fructidor an XIII.

Canaux et rivières (construction et entretien). — D. 10 avril 1812.

Capitulation (cas et mode de). — D. 1er mai 1812.

Capture (droits dus aux gendarmes). — O. 19 janvier 1846.

Cardinaux (sépulture des). — D. 26 mars 1811.

Carrier (accusation contre le représentant). — L. 5 frimaire an III.

Cartes (contravention aux lois sur les). — D. 4 prairial an XIII ; 16 juin 1808.

Cartes (timbre). — Arr. 3 pluviôse an VI.

Cassation (autorité des arrêts après deux pourvois). — L. 1er avril 1837.

Cassation (avocats aux conseils et à la cour de). — O. 10 septembre 1817.

Cassation (ministère public près la cour de). — D. 1er mai 1813.

Cassation (modifications au règlement de la cour de).
O. 29 août 1847.

Cassation (tribunal de). — D. 27 novembre 1790.

Cautionnements (administrations financières). — O.
25 juin 1835 ; 31 octobre 1850.

Cautionnements (des fonctionnaires). — L. 7 ventôse
an VIII.

Cautionnements (privilége sur les). — D. 28 août
1808.

Cautionnements (remboursement). — L. 25 nivôse
an XIII.

Cavalerie (lieutenants montés aux frais de l Etat). —
O. 3 novembre 1837.

Cavaliers vétérans (compagnies de). — O. 3 février
1843.

Certificat de vie (délivrance par les notaires). — D.
21 août 1806.

Chambres de commerce et des manufactures. — D. 19
juin 1848.

Chambres (rapports avec le Roi). — Régl. 13 août
1814.

Change (lettres de). — L. 19 mars 1817.

Chapelles domestiques (autorisation). — D. 21 décembre 1812.

Chapelle (érection). — Av. 6 novembre 1813.

Charitables (cautionnements des comptables d'établissements). — D. 6 juin 1850.

Charité (bureaux de). — O. 2 juillet 1816.

Charité maternelle (société de). — L. 25 juillet 1811.

Charte constitutionnelle. — 4 juin 1814.

   Id.   — (L. remplaçant l'art. 23).
— 27 décembre 1831.

Charles X (bannissement de sa famille). — L. 10 avril 1832.

Charles (école des). — O. 11 novembre 1829 ; 13 décembre 1846 ; D. 18 octobre 1849.

Chasse. — D. 30 avril 1790.

Chemins de fer (grandes lignes de). — L. 11 juin 1842.

Chemins de fer (police). — L. 15 juillet 1845.

  Id. (surveillance). — L. 27 février 1850.

Chemins (extraction de matériaux). — O. 8 juillet 1845.

Chemins vicinaux. — L. 28 juillet 1824.

Chevaux morts (vente des). — D. 4 novembre 1850.

Cimetières. — O. 6 décembre 1843.

Clergé (admission). — O. 25 décembre 1830.

 Id. (administration des biens du). — D. 6 novembre 1813.

Clergé (constitution civile). — D. 12 juillet 1790.

 Id. (déclaration de 1682). — D. 25 février 1810.

Clubs (proclamation sur les). — D. 19 avril 1848.

 Id. (réunions publiques). — L. 19 juin 1849.

Code civil (réunion des lois civiles). — L. 30 ventôse an XII.

Code civil (modifications à l'art. 9). — L. 22 mars 1849.

Codes criminels (modifications). — L. 28 avril 1832;
9 septembre 1835.

Code pénal (modifications aux art. 414 et suivants).
— L. 11 octobre 1849.

Colléges royaux et communaux (maîtres d'études). —
O. 14 novembre 1844.

Colléges communaux. — O. 29 janvier 1839.

Colonies (instruction sur les). — D. 15 juin 1791.

   Id.   (presse dans les). — L. 7 août 1850.

Colonies (régime législatif). — O. 9 février 1827 ; 24
avril 1833.

Commandement supérieur (troupes de ligne et garde
nationale). — L. 7 juillet 1849.

Commerce (chambres et bourses de). — Arr. 3 nivôse
an XI ; D. 22 mai 1850 ; 3 septembre 1851.

Commerce (modifications aux art. 178 , 179 du Code
de). — D. 24 mars 1848.

Commerce et manufactures (conseil général). — O. 23
août 1819.

Commerce et colonies (conseil supérieur). — O. 6
janvier 1824.

Commerce (timbre des effets de). — L. 3 janvier
1849 ; 5 juin 1850.

Commerce (gardes du). — D. 14 mars 1808.

   Id.   (tribunaux de). — D. 6 octobre 1809.

Comités conventionnels et révolutionnaires. — D. 7 fructidor an II.

Comités des diverses armes. — O. 27 octobre 1834.

Commissaires de police. — D. 21 septembre 1791.

Commissaires des guerres (organisation). — D. 16 avril 1793 ; 7 pluviôse an VIII.

Commissaires-priseurs (établissement). — L. 27 ventôse an IX ; 18 juin 1843.

Commission consulaire. — L. 19 brumaire an VIII.

Commission consultative. — D. 11 , 13 , 15 , 16 décembre 1851.

Commission militaire (institution). — L. 4 prairial an III.

Communaux (payement des contributions). — L. 26 germinal an XI.

Communaux (partages de biens indivis). — D. 10 juin 1793 ; L. 9 ventôse an XII ; Av. 20 juillet 1807 ; D. 6 juin 1811.

Communaux (usurpation). — Av. 18 juin 1809 ; O. 10 février 1816 ; 23 juin 1819.

Communes (actions des). — L. 29 vendémiaire an V; Arr. 24 germinal an XI ; L. 18 juillet 1837.

Communes (formalités pour les actions contre les).— Arr. 17 vendémiaire an X ; L. 18 juillet 1837.)

Communes (comptabilité des dépenses des). — Arr. 17 germinal an XI ; O. 23 avril 1823.

Communes (police des). — L. 10 vendémiaire an IV.

Communes et fabriques (acceptation des dons et legs). — O. 12 août 1807 ; 10 juin 1814.

Comptabilité. — D. 17 septembre 1791 ; 28 pluviôse an III ; Arr. 11 brumaire an VIII ; O. 8 décembre 1832.

Comptabilité publique (exercices). — D. 11 août 1850.

Comptabilité départementale et municipale. — L. 11 frimaire an VII ; O. 28 janvier 1815 ; 1er mars 1835.

Comptabilité militaire. — Arr. 14 fructidor an VI.

Comptables (droits du trésor sur les biens des). — L. 5 septembre 1807.

Comptables (saisie entre les mains des). — D. 18 août 1807.

Comptables des communes (fixation de leurs débets). — D. 24 mars 1812,

Comptes (organisation de la cour des). — L. 16 septembre 1807 ; D. 2 mai 1848 ; 6 juin 1850.

Conciliation (mode de procéder en). — L. 26 ventôse an IV ; C. Pr. A. 48.

Concordats amiables. — D. 22 août 1848.

Concordat (lois organiques). — D. 28 février 1810 ; 13 février 1813.

Conflits d'attribution. — Arr. 13 brumaire an X ; Av. 22 janvier 1813 ; O. 12 décembre 1821.

Conflits (tribunal des). — L. 4 février 1850.

Id.   (costume des membres du tribunal des). — D. 11. octobre 1849.

Congrégations de femmes. — D. 18 février 1809.

Congrégations séculières (abolition). — D. 18 août 1792.

Conseils d'administration (dans les régiments). — D.

19 ventôse an II ; Arr. 15 germinal an XI ; O. 20 janvier 1815 ; 7 janvier 1834.

Conseil d'Etat (règlement). — Arr. 5 nivôse an VIII; D. 8 avril 1813 ; O. 29 juin 1814 ; 18 janvier 1826; L. 19 juillet 1845 ; 26 mai 1849.

Conseil d'Etat (organisation). — L. 13 janvier 1849.

Id.   (concours pour les auditeurs). — Arr. 9 mai 1849.

Conseils de guerre et de révision (commissaires et greffiers). — D. 3 mai 1848.

Conseils généraux et d'arrondissement. — L. 22 juin 1833 ; 10 mai 1838.

Conseils généraux et d'arrondissement (assistance des préfets et sous-préfets) , O. 25 mars 1817.

Conseils généraux , d'arrondissement et municipaux (renouvellement). — D. 3 juillet 1848.

Conseils généraux , d'arrondisement et municipaux (ajournement des élections). — L. 14 juin 1851.

Conseils de préfecture (délibérations ; remplacement). — Arr. 19 fructidor an IX ; D. 16 juin 1808.

Conseils de révision (recours contre les décisions). — Av. 27 juillet 1820.

Conseil privé (formation). — O. 19 septembre 1815.

Consignations. — L. 28 nivôse an XIII ; O. 24 décembre 1839.

Conspiration (répression de celle dirigée contre la Convention). — L. 15 vendémiaire an IV.

Constitution française. -- D. 3 septembre 1791.

Constitution consulaire. — L. 22 frimaire an VIII.

Constitution (suspension de la). — L. 23 nivôse an VIII.

Consulat à vie (établissement). — S.-C. 14 thermidor an X.

Consulats (avancement). — O. 15 décembre 1815.
   Id.   — O. 20 août 1833.

Contrainte par corps (en matière civile). — L. 24 ventôse an V ; 17 avril 1832.

Contrainte par corps (suspension). — D. 9 mars 1848.

Contrainte par corps. — L. 13 décembre 1848.

Contrats de mariage (publicité). — L. 10 juillet 1850.

Contrebandiers (jugement des). — L. 13 floréal an XI.

Contre-seing de fonctionnaires (absence de). — D. 11 novembre 1850.

Coutribution des portes et fenêtres. — L. 4 frimaire an VII.

Contributions directes (organisation de l'administration des). — L. 22 brumaire an VI ; 3 frimaire an VIII ; O. 8 janvier 1841.

Contributions directes (recouvrement). — Arr. 16 thermidor an VIII ; L. 26 mars 1831.

Contributions directes (privilége du trésor). — L. 12 novembre 1808.

Contributions directes (percepteurs). — O. 31 octobre 1839.

Contributions directes (candidats aux perceptions). — D. 30 avril 1850.

Contribution extraordinaire (des 45 centimes). — D. 16 mars 1848.

Contribution foncière. — D. 20 novembre 1790 ; 21 août 1791 ; 23 nivôse an III ; 2 messidor an VII.

Contributions indirectes (V. Droits réunis). — L. 23 avril 1836.

Contribution mobilière. — D. 13 janvier 1791.

Contribution personnelle et mobilière (demandes en décharge). — L. 7 vendémiaire an VII.

Convention nationale (formation). — D. 10 août 1792.

Convention. littéraire (avec les états étrangers). — L. 30 décembre 1850.

Corps administratifs, municipaux et judiciaires (renouvellement). — D. 19 octobre 1792; 21 fructidor an III.

Corps communs (baux de biens ruraux). — Arr. 7 germinal an IX.

Corps législatif (organisation). — D. 13 juin 1791 ; 30 vendémiaire an IV.

Corps législatif (formation). — S.-C. 28 frimaire an XII.

Cotes irrécouvrables (dégrèvements). — D. 31 octobre 1850.

Couleurs nationales. — Arr. 7 mars 1848.

Cour nationale (haute). — D. 10 mai 1791.

Cours d'appel et d'assises (organisation). — D. 6 juillet 1810 ; O. 24 septembre 1828.

Cours et tribunaux (rentrée des). — O. 14 décembre 1847.

Cours et tribunaux (institution). — D. 26 septembre 1849.

Courses (armements en). — Arr. 2 prairial an XI.

Courtiers de commerce (vente de marchandises.) — D. 22 novembre 1811.

Crieurs publics. — L. 10 décembre 1830.

Cris séditieux. — L. 9 novembre 1815.

Cultes protestant et israélite (entretien des). — D. 5 mai 1806 ; O. 7 août 1842.

Cultes (exercice des). — L. 3 ventôse an III ; 7 vendémiaire an IV ; 18 germinal an X.

Cures (remplacement des titulaires). — D. 17 novembre 1811.

D.

Déclaration du roi Louis XVIII. — 2 mai 1814.

Découvertes utiles (brevets d'invention). — D. 31 décembre 1790.

Délits et peines (code des). — L. 3 brumaire an IV ; C. P.

Délits de presse ou politiques (application du jury aux). — L. 8 octobre 1830 ; D. 31 décembre 1851.

Délits (poursuite des). — L. 7 pluviôse an IX ; Inst. Crim. A. 8.

Départements (division de la France en). — D. 26 février 1790.

Dépens (liquidation ou tarif des). — D. 16 février 1807.

Dépenses administratives et judiciaires (mode de payement). — Arr. 25 vendémiaire an X.

Déportation. — L. 8 juin 1850 ; D. 8 décembre 1851.

Dépôts et consignations (caisse des). — O. 3 juillet 1816.

Dépôt légal de livres. — O. 30 juillet 1835.

Députés (élection des). — L. 19 avril 1831.

Députés promus à des fonctions (réélection). — L. 12 septembre 1830.

Déserteurs (poursuite contre les). — L. 4 nivôse an IV.

Desservants (indemnité à ceux chargés de deux succursales). — D. 15 mars 1814.

Desservants et vicaires (traitements). — O. 6 janvier 1830.

Dessins, gravures et emblémes (publication). -- O. 1ᵉʳ mai 1822; 9 septembre 1835.

Détention (maisons centrales de). -- D. 16 juin 1808; Régl. 2 avril 1817; 27 décembre 1843.

Détenus (évasion de). -- L. 4 vendémiaire an VI; D. 8 janvier 1810.

Détenus (patronage des jeunes). -- L. 5 août 1850.

Dette nationale (grand livre de la). -- D. 24 août 1793.

Dette publique (livres des départements). -- L. 14 avril 1819.

Deuil général du 21 janvier. -- L. 19 janvier 1816.

Diocèses (circonscription). -- O. 31 octobre 1822.

Diplomatie carrière de la). -- O. 25 avril 1830.

Directoire exécutif. -- L. 13 brumaire an IV.

Discipline militaire. -- O. 8 août 1814.

Discipline (compagnies de). -- O. 1ᵉʳ avril 1818; 7 février 1834.

Dispenses de mariage. -- Arr. 20 prairial au XI; L. 16 avril 1832.

Distances (tableau des). -- Arr. 25 thermidor an XI.

Divorce. -- D. 20 septembre 1792.

Domaine de la Couronne (échanges). -- D. 11 juillet 1812.

Domaine extraordinaire (donataires). -- O. 22 mai 1816; 26 juillet 1821.

Domaine public (concessions). -- O. 23 septembre 1825.

Domaniales (actions) -- L. 19 nivôse an IV.

Domestiques à Paris. -- D. 3 octobre 1810.

Domiciles (heures auxquelles la gendarmerie peut y pénétrer). -- D. 4 août 1806.

Douanes (régie et organisation). -- D. 23 avril et 6 août 1791; L. 30 avril 1806.

Douanes (ouverture et fermeture des bureaux de). -- L. 14 juin 1850.

Drogues médicinales (visite des) -- O. 20 septembre 1820.

Droits de l'homme (déclaration des). -- D. 29 mai 1793.

Droit (écoles de). -- L. 22 ventôse an XII.

Droits réunis (v. contributions indirectes). -- D. 5 ventôse an XII; 1er germinal an XIII.

E.

Eaux minérales. — Arr. 29 floréal an VII.

Ecclésiastiques (suppression du casuel). — D. 7 septembre 1792.

Échelles du Levant et de Barbarie (jugement des infractions). — L. 28 mai 1836.

Echenillage des arbres. — L. 26 ventôse an IV.

Ecoles centrales (établissement). — L. 7 ventôse an III.

Ecole de cavalerie à Saumur. — O. 23 décembre 1814 ; 7 novembre 1845.

Ecoles de filles (surveillance). — O. 3 avril 1820 ; 23 mai 1836.

Ecoles ecclésiastiques. — O. 16 juin 1828 ; 21 octobre 1839.

Ecoles libres (concession de bâtiments aux évêques pour). — D. 31 mars 1851.

Ecole militaire (organisation). — Arr. 8 pluviôse an XI ; O. 31 décembre 1817 ; 8 juillet 1818 ; 17 février , 20 septembre 1832.

Ecole militaire (rétablissement). — O. 30 juillet 1814.

Ecoles normales primaires (établissement). — D. 9 brumaire an III; L. 15 mars 1850; D. 24 mars 1851.

Ecoles normales primaires (comptabilité). — O. 15 décembre 1842.

Écoles primaires (établissement). — D. 30 mai 1793.

École polytechnique. — D. 7 vendémiaire an III ; O. 21 mai 1837.

Écoles polytechnique , militaire , navale (admission). D. 19 juillet 1848 ; L. 26 janvier 1850.

Écoles secondaires (règlement). — Arr. 19 vendémiaire an XII.

Écoles vétérinaires (établissement). — L. 29 germinal an III ; D. 10 mars 1851.

Écrits imprimés (dépôt d'exemplaires). — O. 9 janvier 1828.

Édifices départementaux (répartition du fonds commun). — D. 11 octobre 1850.

Édifices publics (charges des logements). — O. 7 juillet 1844.

Effets militaires (soustraction). -- D. 3 floréal an II.

Élections. -- L. 5 février 1817 ; 8 février 1849 ; 31 mai 1850 ; D. 2 et 4 décembre 1851.

Électorales (circonscriptions). — L. 16 mai 1821 ; 29 novembre 1849.

Éligibilité (formation des listes d'). — L. 13 ventôse an IX.

Embaucheurs (poursuite contre les). — L. 4 nivôse an IV.

Émigrés. — D. 1er août 1791.

Empereur Napoléon (proclamation). — 1er mars 1815.

Empereur Napoléon (tombeau de l'). — L. 12 juin 1850.

Empire (S.-C. organique). — L. 28 floréal an XII.

Emplois civils (réservés aux militaires retraités). — D. 8 mars 1811.

Emprunt forcé sur les riches. — D. 20 mai 1793.

Emprunt grec (garantie). — L. 14 juin 1833.

Enfants abandonnés. -- L. 27 frimaire an V.

Enfants sans vie (acte de présentation). — D. 4 juillet 1806.

Enfants (travail dans les manufactures). — L. 22 mars 1841.

Engagements volontaires. — O. 30 décembre 1814 ; 20 mai 1818 ; 20 juin 1834 ; D. 31 mars 1848.

Enregistrement (droits d'). — D. 15 décembre 1790.
    Id.   (régie). — D. 9 mai 1791.

Enseignement (organisation). — L. 15 mars 1850.
    Id.   (distinctions honorifiques). — D. 9 décembre 1850.

Epargnes (caisses d'). — V. caisses d'épargnes ; L. 22 juin 1845.

Epizooties (mesures à prendre). — Arr. 27 messidor an V , O. 27 janvier 1815.

Equipages militaires. — O. 11 janvier 1848.

Esclavage (abolition). — D. 16 pluviôse an II ; D. 27 avril 1848.

Esclaves (affranchissements). — O. 29 avril 1836 ; L. 19 janvier 1849.

Esclaves (instruction morale et religieuse). — O. 5 janvier 1840.

Etablissements charitables (comptes à rendre des.). — D. 7 floréal an XIII ; O. 21 mai 1817.

Etablissements charitables (placement de fonds). — D. 23 juin 1806.

Etablissements publics (acceptation de dons et legs.) -- O. 10 juin 1814.

Etat (échanges de propriétés). — O. 1er décembre 1827.

Etat (marchés conclus en son nom). — O. 4 décembre 1836.

Etat civil (constatation). — D. 20 septembre 1792.
  Id.   (modèles des actes). — Arr. 19 floréal an VIII.

Etat civil (rectification des registres). — Av. 13 nivôse an X.

Etat civil (inscription d'actes omis). — Av. 12 brumaire an XI.

Etat civil (tables décennales). — D. 20 juillet 1807.
  Id.   (transcription des jugements de rectification). — Av. 4 mars 1808.

Etat civil (rectifications inutiles). — Av. 30 mars 1808.

Etat civil (vérification des registres). — O. 26 novembre 1823.

Etat-major (corps et écoles d'). — O. 6 mai 1818 ; 15 novembre 1830.

Etrangers (admissibilité aux droits de citoyen français). — S.-C. 19 février 1808.

Etrangers (naturalisation et séjour en France). — L. 13 novembre 1849.

Etrangers (faculté d'enseigner). — D. 5 décembre 1850.

Etrangers (état civil en France). — L. 7 février 1851.

Etrangère (politique). — Résolution 31 mars 1849.

Evéchés (mobilier des). — O. 7 avril 1819.

Exécuteurs des arrêts criminels. — Arr. 9 mars 1849.

Exposition (abolition de la peine de l'). — D. 12 avril 1848.

Expropriation pour cause d'utilité publique. — L. 8 mars 1810 ; 3 mai 1841.

Extérieures (indemnités aux agents des relations). — D. 14 décembre 1848.

Extradition de malfaiteurs. — D. 23 octobre 1811.

       Id. (conventions). — L. 27 novembre 1850.

F.

Fabriques des églises (administration). — Arr. 7
thermidor an XI; L. 14 février 1810; 28 mars
1820.

Fabrique (marque de). — D. 22 décembre 1812; O.
8 août 1816.

Facultés de droit (distribution de prix). — O. 17
mars 1840.

Facultés de droit et des lettres (traitements). — Arr.
18 mai 1849.

Facultés de droit et de médecine (secrétaires des). —
D. 13 février 1851.

Facultés des sciences et des lettres (agrégés). — O. 24
mars 1840; Arr. 18 décembre 1848.

Faillites et banqueroutes. — L. 28 mai 1838.

Faillis non réhabilités (exclusion des emplois). — D.
21 vendémiaire an III.

Féodalité (abolition). — D. 4 août 1789.

Fêtes et dimanches (célébration des). — L. 18 novembre 1814.

Finances (douanes; droits réunis). — L. 5 ventôse
an XII; 28 avril 1816.

Finances (inspection). — O. 28 mars 1842.

 Id.   (vente des immeubles des communes). —
L. 20 mars 1813.

Fonctions administratives et judiciaires (incompatibilité). — D. 24 vendémiaire an III.

Fonctions judiciaires (âge requis). — L. 16 ventôse
an XI.

Fonctionnaires (pensions des grands). — L. 11 septembre 1807 ; 31 janvier 1832.

Fonctionnaires (abolition du serment des). — D. 1er
mars 1848.

Fonctionnaires (délits de presse contre les·). — D. 22
mars 1848.

Fonctions publiques (avancement). — L. 5 juillet
1850.

Flotte (service à bord des bâtimens). — D. 15 août
1851.

Forçats (récidive.) — D. 17 thermidor an XIII.
  Id. (translation dans les bagnes). — O. 9 décembre 1836.

Force publique (réquisition de la). — D. 30 mai 1793.
  Id. (rapports de l'autorité avec la). — L.
13 floréal an VII.

Forestière (administration). — D. 15 septembre 1791.

Forestier (code). — 21 mai 1827.

Forestière (école). — O. 31 octobre 1838.

Forestières (conservations). — Arr. 20 avril 1849.

Forêts nationales (pacage). — L. 28 ventôse an XI.

Fortifications (police). — D. 8 juillet 1791.
  Id. (travaux aux routes qui les traversent).
— D. 31 janvier 1813.

Fortifications (expropriation pour travaux). — L. 30
mars 1831.

Fosses d'aisances à Paris (construction). — O. 24
  septembre 1819.

Frais de justice (taxe). — Arr. 12 germinal an V.

Frais de justice criminelle. — L. 18 germinal an VII;
  5 pluviôse an XIII ; O. 28 novembre 1838.

Franchises et contre-seings. — Arr. 27 prairial an
  VIII ; O. 6 août 1817 ; 14 décembre 1825 ; 17 novembre 1844.

Fruits et récoltes (vente publique volontaire). — L.
  5 juin 1851.

Funèbres (services). — L. 18 mai 1806.

G

Gardes du corps (rétablissement). -- O. 23 mai 1814.

Gardes champêtres (établissement). -- L. 20 messidor an III.

Gardes champêtres (rapport avec la gendarmerie.) -- D. 11 juin 1806.

Gardes forestiers des communes (ordonnancement des salaires). -- D. 31 janvier 1813.

Garde municipale de Paris (organisation). -- O. 24 août 1838.

Gardes nationales (organisation). -- D. 28 juillet 1791; L. 22 mars 1831; 15 mars 1851; 13 juin 1851; D. 11 janvier 1852.

Gardes nationaux et sapeurs pompiers (secours et pensions). -- L. 5 avril 1851.

Garde royale (formation). -- O. 1er septembre 1815.

Gardiens de Paris -- D. 22 mars 1848.

Gaz hydrogène (éclairage par le). -- V. établissements insalubres. O. 23 août 1824; 27 janvier 1846.

Gendarmerie (organisation). -- D. 16 janvier 1791; 5 janvier 1792 ; 16 et 22 décembre 1851.

Gendarmerie (serment). -- L. 21 juin 1836.

Gendarmerie mobile (organisation). -- D. 11 mai 1850.

Généraux de division et de brigade (titre rétabli). -- D. 28 février 1848.

Généraux et Colonels (indemnités pour frais de représentation et de bureau). -- Arr. 14 juillet 1848.

Girondins (arrestation des représentants). -- D. 2 juin 1793.

Gouvernement provisoire. -- S.-C. 1er avril 1814.

      Idem (proclamation au Peuple français). -- 24 février; 16 mars 1848.

Grades militaires (avancement). -- D. 23 septembre 1790; 10 avril 1792.

Grains (circulation et police). -- D. 4 mai 1812; O. 20 octobre 1830.

Graines, farines et légumes (exportation). -- L. 2 décembre 1814; 16 juillet 1819.

Greffe (droits de). -- L. 21 ventôse an VII.

Greffes des tribunaux (vérification des). -- O. 5 novembre 1823.

Greffiers (nomination). -- L. 27 germinal an VII.

Greffe (vente d'objets déposés). -- O. 22 février 1829.

Greffiers des justices de paix (traitement). -- L. 21 prairial an VII.

Guerre (déclaration de). -- D. 1er février 1793.

Idem (organisation du département de la). -- Arr. 5 juillet 1848 ; D. 20 et 26 décembre 1851.

Guerre (dépôt de la). -- O. 4 novembre 1844; D. 19 septembre 1850.

H.

Habillement des troupes (fournitures). — D. 17 mai 1850.

Halage (chemins de). — D. 22 janvier 1808.

Haras. — D. 4 juillet 1806 ; O. 28 mai 1822 ; 24 octobre 1840 ; Arr. 11 décembre 1848.

Haras de Saint-Cloud. — L. 30 janvier 1850.

Honneurs à décerner aux grands hommes. — D. 4 avril 1791 ; 6 décembre 1851.

Hôpitaux militaires. — D. 3 ventôse an II ; O. 25 novembre 1814.

Hospices (administration des biens des). — L. 16 vendémiaire an V ; O. 6 juin 1830.

Hospices et pauvres (donations et legs). — Arr. 4 pluviôse an XII.

Hospices (constructions et réparations). — D. 10 brumaire an XIV.

Hospices (tutelle des enfants admis dans les). — L. 15 pluviôse an XIII.

Hospices et établissement d'instruction (baux des). — D. 12 août 1807.

Hospices et hôpitaux. — L. 7 août 1851.

Huissiers (organisation). — Arr. 22 thermidor an VIII ; D. 14 juin 1813.

Hydrographie (écoles d'). — O. 7 août 1825.

Hygiène et salubrité (conseils d'). — Arr. 18 décembre 1848 ; D. 1er février 1850 ; 15 décembre 1851.

Hypothécaire (code). — L. 9 messidor an III.

Hypothèque (perception des droits). — L. 9 ventôse
au VII.

Hypothèque légale (inscription d'office ; dispense d'inscription ; purge). — Av. 1ᵉʳ juin 1807 ; 22 janvier 1808 ; 8 mai 1812.

I.

nstituteurs communaux. — L. 11 janvier 1850 ; D. 20 avril 1850.

Instituteurs (caisse d'épargnes). — O. 13 février 1838 ; L. 15 mars 1850 , A. 39 ; D. 5 janvier 1851.

Instruction criminelle (abrogation du premier paragraphe de l'art. 119). — D. 23 mars 1848.

Instruction criminelle (modification de l'art. 172). — L. 2 janvier 1850.

Instruction primaire. — L. 28 juin 1833 ; 15 mars 1850 (V. Instituteurs).

Instruction publique (organisation). — D. 30 vendémiaire an 11 ; O. 17 février 1815 ; 26 mars 1829 ; L. 15 mars 1850.

Instruction publique (conseil royal). — O. 1er novembre 1820.

Instruction secondaire (établissements particuliers).— D. 20 décembre 1850.

Intendance militaire. — O. 29 juillet 1817 ; 11 décembre 1830 ; 28 février 1838 ; D. 7 octobre 1850 ; 29 décembre 1851.

Intérêt de l'argent (taux de l'). — L. 3 septembre 1807 ; 19 décembre 1850.

Invalides (organisation de l'hôtel des). — D. 30 avril 1792 ; Arr. 20 janvier 1849.

Invalides de la guerre (caisse des). — O. 12 décembre 1814.

Invention (brevets d'). — L. 5 juillet 1844 (V. Découvertes utiles).

Irrigations. — L. 29 avril 1845.

Israélite (culte). — O. 25 mai 1844.

J.

Jeux de hasard (suppression des maisons de). — D. 24 juin 1806.

Journaux. — Arr. 27 nivôse an VIII ; D. 3 août 1810; L. 28 février 1817 ; 31 mars 1820 ; 29 septembre 1824.

Journaux et écrits périodiques (cautionnement ; timbre et port). — L. 14 décembre 1830 ; O. 18 novembre 1835 ; D. 9 août 1848 ; L. 16 juillet 1850.

Juges de paix et suppléants (remplacement). — L. 16 ventôse an XII ; 29 ventôse an IX.

Juges de paix (suppression du casuel). — L. 21 juin 1845.

Juges auditeurs (création). — D. 16 mars 1808; L. 8 février 1831.

Juifs (législation). — D. 2 mars 1807.

Juillet 1830 (monument des victimes). — L. 9 janvier 1833).

Juillet 1830 (indemnités dues pour les événements). — L. 3 avril 1833.

Jurisprudence criminelle (réformation). — D. 4 août 1789.

Jury en matière criminelle et politique. — D. 2 nivôse an II ; O. 8 octobre 1830 ; D. 7 août 1848.

Jury (déclaration du). — L. 4 mars 1831.

Jury (vote au scrutin secret). — L. 13 mai 1836.

Justice (administration de la). — D. 31 mars 1790 ; 20 avril 1810.

Justice de paix (procédure). — D. 18 octobre 1790 ; C. Pr. A. 1 et suivants.

Justices de paix (organisation). — L. 28 floréal an X ; 25 mai 1838.

L.

Lazarets (suppression des). — D. 10 février 1850.

Légion-d'honneur (institution). — L. 29 floréal an X ; O. 17 février 1815 ; 18 octobre 1829 ; 16 juin 1837 ; 4 décembre 1849 ; D. 24 mars 1851.

Légion-d'Honneur (forme de la décoration). — Arr. 12 septembre 1848 ; D. 31 décembre 1851.

Légion-d'honneur (éducation des orphelines). — O. 27 septembre 1814.

Législation (révision annuelle). — Arr. 5 ventôse an X.

Lettres recommandées. — O. 21 juillet 1844.

Lettres (taxe des). — D. 24 août 1848.

Liberté individuelle. — L. 12 février 1817 ; 26 mars 1820.

Libraires et imprimeurs (brevets). — D. 11 juillet 1812.

Librairie (importation et transit). — O. 13 décembre 1842.

Ligne (équipages de). — Règl. 7 janvier 1824.

Liste civile. — D. 26 mai 1791 ; 2 mars 1832.

   Id. (liquidation). — L. 4 février 1850.

Listes électorales et du jury (révision). — L. 2 juillet 1828.

Livres d'église et de prières. — D. 7 germinal an XIII.

Livrets des ouvriers. — Arr. 9 frimaire an XII.

Logements militaires. — D. 23 mai 1792.

Logements insalubres (assainissement). — L. 13 avril 1850.

Lois (code des). — D. 11 prairial an II.

  Id. (date des). — Av. 5 pluviôse an VIII.

  Id. (interprétation). — L. 16 septembre 1807 ; Av. 17 décembre 1823.

Longitudes (formation du bureau des). — L. 7 messidor an III.

Loteries (prohibition des). — L. 21 mai 1836.

Louis XVI (condamnation de). — D. 20 janvier 1793.

Louis-Philippe et sa famille (bannissement de). — D. 26 mai 1848.

Loups (destruction des). — L. 11 ventôse an III.

Louveterie. — O. 21 décembre 1844.

Lycées (enseignement). — Arr. 19 frimaire , 21 prairial an XI.

Lyonnaise (agglomération). — L. 19 juin 1851.

M.

Machines à vapeur. — O. 7 mai 1828.

Machines et mécaniques (importation). — L. 10 juin 1845.

Magistrats infirmes (mise à la retraite). — D. 2 octobre 1807.

Magistrats honoraires. — Instr. 5 avril 1820.

Magistrats (roulement dans les tribunaux). — O. 11 octobre 1820.

Magistrats (congés). — O. 6 novembre 1822.

    Id.   (transport en matière civile). — O. 4 août 1824.

Magistrats (costume des). — Arr. 24 germinal an VIII ; O. 25 décembre 1822.

Magistrats (traitement). — O. 2 novembre 1846 ; Arr. 6 janvier 1849.

Magistrats (levée de suspensions). — D. 24 mars 1848.

Main-morte (impôt sur les biens de). — L. 16 janvier 1849.

Maires et adjoints (nomination). — Arr. 19 floréal an VIII ; D. 3 juillet 1848 , A. 10.

Majorats et substitutions. — D. 1er mars 1808 ; 3 mars 1810 ; O. 10 février 1824 ; L. 17 janvier 1849.

Maisons centrales (commissions de surveillance). — O. 5 novembre 1847.

Maison civile du Roi. — O. 1er novembre 1820.

Maisons de force et de correction (garde des). — Arr.
7 février 1849.

Maison royale (état civil). — O. 23 mars 1816.

Manufactures (fabriques et ateliers). — L. 22 germinal
an XI.

Manufactures (chambres consultatives). — Arr. 10
thermidor an XI.

Manufactures et commerce (conseil général des). —
D. 9 avril 1851.

Manufactures (heures de travail). — D. 9 septembre 1848.

Marais (desséchement des). — D. 26 décembre
1790.

Marchandises (fraude dans la vente des). — L. 27
mars 1851.

Marchandises neuves (vente aux enchères). — L. 25
juin 1841.

Mariage (dispenses de). — D. 7 mai 1808.

   Id. (formalités). — Av. 4 thermidor an XIII.

Marine (artillerie). — O. 21 février 1816 ; 14 septembre 1835.

Marine (élèves de). — O. 22 janvier 1824.

   Id. (commissariat de la). — O. 3 janvier 1835 ;
14 mai 1844.

Marine (enquête). — L. 31 octobre 1849.

   Id. (comptabilité des matières). — Arr. 12 décembre 1850.

Marine (dépôts de plans et cartes). — D. 29 décembre 1849.

Marine (fonderies). — O. 18 décembre 1836.

   Id.   (service administratif ; officiers de santé).— O. 17 juillet 1835.

Marine (invalides). — D. 30 avril 1791 ; L. 15 germinal an III.

Marine (organisation ; comptabilité). — D. 29 avril 1791 ; 17 avril 1812 ; 19 octobre 1851.

Marine (abolition des peines corporelles). — D. 12 mars 1848.

Marine (service de santé). — L. 7 vendémiaire an VIII.

Martelage (dans les bois de particuliers). — O. 28 août 1816.

Masses (établissement des). — L. 26 fructidor an VII ; 16 mai 1810.

Matières appartenant à l'Etat (comptabilité des). — O. 26 août 1844.

Médecine (exercice de la). — L. 19 ventôse an XI.

   Id.   (académie de). — O. 28 décembre 1820.

   Id.   (discipline des écoles). — O. 18 mai 1820.

Mendiants (ateliers de secours). — D. 30 mai 1790.

Méndicité (extirpation de la). — D. 5 juillet 1808.

Mérite militaire (ordre du). — O. 28 novembre 1814.

Messageries (voitures publiques). — D. 6 janvier 1791.

Militaires (absence des). — O. 2 juillet 1816.

Militaires cités devant les tribunaux. — D. 18 prairial an II.

Militaires (délits de chasse commis par des). — Av. 4 janvier 1806.

Militaires (dispositions du Code civil qui leur sont applicables). — Instr. 24 brumaire an XII.

Militaires (mariages des). — Av. 4me jour complémentaire an XIII ; D. 16 juin 1808.

Militaire (organisation). — L. 8 août 1849.

Militaires (preuve du décès des). — Av. 18 germinal an XIII.

Militaires (secours aux veuves et enfants des). — D. 4 juin 1793 ; O. 14 août 1814 ; D. 14 décembre 1851.

Mines (législation sur les). — L. 12 juillet 1791; D. 24 décembre 1851.

Ministères (organisation). — D. 27 avril 1791 ; 6 et 14 février 1793 ; 21 septembre 1812 ; O. 11 octobre 1832 ; D. 15 décembre 1851.

Ministères (administrations centrales). — D. 14 décembre 1844.

Ministres d'Etat (création des). — O. 23 décembre 1842.

Monnaies (empreintes). — D. 9 avril 1791.
  Id.   (vérification). — D. 21 mai 1791.

Morue et baleine (pêche de la). — Arr. 17 ventôse an X ; L. 22 avril 1832 ; D. 29 décembre 1851.

Mont-de-piété (règlement ; comptabilité). — D. 8 thermidor an XIII ; O. 18 juin 1823 ; L. 24 juin 1851.

Montyon (prix). — O. 29 juillet 1821.

Municipalilés (constitution des). — D. 14 décembre
1789 ; L. 21 mars 1831.

Municipale (administration). — L. 18 juillet 1837 ;
D. 3 juillet 1848.

Musique (conservatoire de). — L. 14 thermidor
an III.

Musique (redevance des théâtres envers l'académie
de). — O. 24 août 1831.

O.

Octroi de Paris (perception). — L. 27 vendémiaire an VII ; D. 31 décembre 1849.

Octrois municipaux. — L. 5 ventôse an VIII ; Règl. 17 mai 1809 ; D. 8 février 1812.

Officiers de l'état civil (droits à percevoir). — D. 12 juillet 1807.

Officiers de l'état civil (permis d'inhumer). — D. 4 thermidor an XIII.

Officiers de santé militaires (organisation ; subordination). — D. 30 novembre 1811 ; O. 12 août 1836.

Officiers disponibles (juridiction). — Av. 12 janvier 1811.

Officiers (état des). — L. 19 mai 1834.

Or et argent (garantie des matières d'). — L. 19 brumaire an VI.

Ordres étrangers (autorisation). — O. 1er mars 1816; 16 avril 1824.

Ordre judiciaire (organisation). — L. 20 avril 1810.

    Id.   (dépenses). — D. 30 janvier 1811.

    Id.   (parentés et alliances). — Av. 23 avril 1807.

Ouvrages dramatiques (droit de propriété des veuves et enfants). — L. 3 août 1844.

Ouvriers (avances aux). — L. 14 mai 1851.

Ouvriers et patrons (conventions). — L. 7 mars 1850.

Ouvriers (compagnies d'). — O. 5 février 1823.

    Id.   (mise en réquisition). — L. 22 germinal an IV.

Ouvriers (associations). — L. 15 novembre 1848.

P.

Paix (droit de faire la). -- D. 22 mai 1790.

Idem (traité de). -- 30 mai 1814.

Pairie (hérédité de la) (formes judiciaires). -- O. 19 août 1815; 18 avril 1821; 3 juin 1830.

Pairs (règlement de la chambre des). -- 2 juillet 1814.

Paris (municipalité de). -- D. 21 mai 1790; D. 23 frimaire an III; L. 20 avril 1834.

Paris (garde nationale mobile de). -- Arr. 24 janvier 1849.

Paris (garde républicaine). -- Arr. 6 avril 1849.

Parties civiles (consignations). -- O. 28 juin 1832.

Passeports. -- D. 1er février 1792; O. 20 avril 1814.

Paternité (désaveu en cas d'instance en séparation de corps). -- L. 6 décembre 1850.

Patentes (établissement des). -- D. 2 mars 1791.

Pavillon national. -- D. 27 pluv. an II ; 31 déc. 1851.

Pêche fluviale. -- L. 15 avril 1829.

Pêche maritime. -- O. 8 février 1816; L. 23 juin 1846; 22 juillet 1851.

Pénal (code). — D. 25 septembre 1791; L. et O. 28 avril 1832.

Pénitenciers militaires. — O. 3 décembre 1832.

Pensionnats primaires. — D. 30 décembre 1850.

Pensions (récompenses nationales). — D. 3 août 1790; 27 février 1811 ; 19 décembre 1851.

Pensions (des militaires en retraite). — D. 6 juin 1793 ; 14 décembre 1851.

Pensions (révision de la législation). — O. 4 janvier 1833.

Pertes par accidents (évaluation et secours). — D. 20 février 1793.

Pharmacie (école de). — L. 21 germinal an XI; arr. 25 thermidor an XI; O. 27 septembre 1840; 13 mars 1842.

Pharmaceutique (code). — O. 8 août 1816.

Pilotage (règlement). — D. 12 décembre 1806.

Pistolets de poche (prohibition). — O. 23 février 1837.

Places de guerre (états-majors des). — D. 24 décembre 1811; O. 31 mai 1829.

Places de guerre (zône de constructions; entretien de bâtiments . — D. 9 décembre 1811; O. 24 décem- 1817; L. 10 juillet 1851.

Plaidoirie (dans les cours et tribunaux). — D. 2 juillet 1812.

Poids et mesures (système légal; verification). — D. 1er août 1793; L. 4 juillet 1837.

Police correctionnelle (organisation du tribunal de). D. 19 vendémiaire an III; C. Instr. Crim. A. 179.

Police générale. — D. 27 germinal an II.

    Id. (ministère de la). — L. 12 niv. an IV.

Police impériale (organisation de la). — D. 25 mars 1811.

Police municipale et correctionnelle. -- D. 19 juillet 1791.

Police rurale. -- D. 28 septembre 1791.

Police sanitaire. — O. 3 mars 1822 ; 13 novembre 1839; 20 mai 1845 ; D. 24 décembre 1850.

Polythecnique (école). — L. 11 novembre 1848.

Pompiers (organisation des sapeurs). — Arr. 17 messidor an IX; O. 7 novembre 1821; 23 septembre 1841; Arr. 26 avril 1849.

Ponts à bascule (caisse de retraites des préposés aux). -- D. 25 janvier 1813.

Ponts et chaussées (organisation). -- D. 31 décembre 1790; O. 23 décembre 1834; L. 30 novembre 1850.

Ponts et chaussées (école des). -- D. 13 octobre 1851.

Postes (administration ; transport des lettres). -- D. 26 août 1790; 17 août 1791; L. 27 frimaire; Arr. 14 nivôse an VIII; O. 9 janvier 1822; 25 décembre 1839; 19 février 1843; 26 avril 1850.

Poste aux chevaux. -- L. 19 frimaire an VII; 8 août 1847.

Poste (indemnité à payer aux maîtres de). -- D. 15 ventôse an XIII.

Poste (sommes déposées dans les bureaux de). -- L. 31 janvier 1833.

Postes (timbres). -- L. 16 octobre 1849.

Postulation. -- D. 19 juillet 1811.

Poudres et salpêtres (fabrication et vente; administration). -- D. 23 septembre 1791; L. 27 fructidor an V; Arr. 27 pluviôse an VIII; O. 15 juillet 1818; 26 février 1839; D. 29 septembre 1850.

Pouvoir judiciaire (organisation). -- D. 31 mars 1790; 20 avril 1810.

Préfet de police (attributions). -- Arr. 12 messidor an VIII.

Préfets (remplacement des). -- Arr. 27 pluviôse an X; O. 29 mars 1821.

Préfectures (frais d'abonnement des bureaux). -- O. 4 février 1815; 21 octobre 1836.

Préfectures (mobilier). -- O. 7 août 1841.

Préfets (fixation de traitements). -- Arr. 15 décembre 1848.

Presbytères. — O. 3 mars 1825.

Préséances (cérémonies publiques). — D. 24 messidor an XII.

Presse (répression des délits de). — L. 28 germinal an IV; 21 octobre 1814; 17 mai 1819; 27 juillet 1849 ; D. 31 décembre 1851.

Presse (attaques contre le Roi et les Chambres). — L. 29 octobre 1830.

Prêtres (soins médicaux qu'ils peuvent donner). — Av. 8 vendémiaire an XIV.

Prêtres (secours en cas d'infirmités sur le produit des chaises). — D. 10 janvier 1813.

Prises maritimes (jugement des contestations). — D. 14 février 1793.

Prisonniers de guerre. — D. 4 mai 1792; 25 mai 1793; 4 août 1811.

Prisonniers de guerre (jugement des délits des). -- D. 17 frimaire an XIV; Arr. 4 mai 1812.

Prisons d'État. -- D. 3 mars 1810.

Prisons (commission de surveillance). -- D. 29 août 1849.

Prisons (travail dans les). -- D. 24 mars 1848; L. 9 janvier 1849.

Procureurs criminels (suppression). -- O. 25 décembre 1815.

Produits agricoles et industriels (exposition). -- Arr. 18 janvier 1849.

Promulgation des lois. -- D. 2 novembre 1790.

Propriété littéraire (ouvrages posthumes). -- D. 1er germinal an XIII.

Protêts. -- D. 22 mars 1848.

Prud'hommes (établissement des conseils des). -- L 18 mars 1806; D. 11 juin 1809; O. 12 novembre 1828; D. 27 mai 1848; L 7 août 1850.

R.

Receveurs des communes (comptabilité ; traitement). — D. 27 février 1811 ; 24 août 1812 ; O. 17 septembre 1837.

Receveurs généraux (cautionnement). — L. 6 frimaire an VIII.

Récompenses militaires. — Arr. 4 nivóse an VIII.

Récompenses nationales (aux bléssés de juin). — L. 13 juin 1850.

Récompenses publiques (nécessité d'autorisation). — O. 10 juillet 1816.

Recrutement de l'armée. — D. 28 février 1790; 9 mars 1791 ; 24 janvier 1792; 19 fructidor an VI; 1er septembre 1812 ; 9 juin 1824; L. 21 mars 1832.

Recrutement (mutilation en matière de). — O. 11 octobre 1820.

Recrutement et réserve (dépôts de). — O. 1er janvier 1836.

Réforme (traitement de). — D. 15 juin 1812.

Réfugiés étrangers. — L. 21 avril 1832; 16 avril 1833; 13 décembre 1848.

Régence. — L. 12 septembre 1791 ; S.-C. 5 février 1813.

Réhabilitation des condamnés. — D. 18 avril 1848.

Remèdes secrets (vente et annonces). — D. 25 prairial an XIII.

Remonte militaire. — O. 11 avril 1831.

Remplacement militaire. -- O. 14 novembre 1821 ; 28 janvier 1837.

Rentes foncières (rachat de). -- D. 18 décembre 1790.

Rentes (transfert de). -- D. 13 thermidor an XIII.

Rentes constituées (saisie de). -- L. 24 mai 1842.

Repos --- (jours du calendrier républicain consacrés au). --- L. 17 thermidor an VI.

Représentant du peuple (costume). -- Arr. 30 avril 1848.

Représentant du peuple (incompatibilité de fonctions publiques avec celles de). -- D. 14 juin 1848.

Représentant du peuple (contrainte par corps). -- L. 21 janvier 1851.

Républicaine (ère). -- D. 2 janvier 1793.

République (unité et indivisibilité de la). -- D. 25 septembre 1792.

République (exposé de situation). -- 1er frimaire an IX.

République (élection du Président de la). -- D. 28 octobre 1848.

République (constitution). -- 4 novembre 1848 ; D. 2 décembre 1851 ; 14 janvier 1852.

Retraites (solde de). -- L. 8 floréal an XI ; O. 27 août 1814 ; 9 juillet 1823.

Révolution (moyen de la terminer). -- L. 5 fructidor an III.

Révolution de février 1848 (anniversaire). -- L. 15 février 1849.

Revues, solde, et masses des troupes. -- Arr. 26 ventôse an VIII ; D. 25 germinal an XIII.

Rhin navigation du). -- L. 21 avril 1832.

Roulage (police du). -- L. 29 floréal an X ; D. 23 juin 1806 ; 18 août 1810 ; O. 24 décembre 1814 ; 9 juillet 1823 ; L. 30 mai 1851.

Routes et chemins (construction ; plantation ; entretien) -- L. 9 ventôse an XIII ; O. 29 mai 1830.

Routes (travaux à la charge des communes). D. 4 août 1811.

Routes départementales (entretien ; classement). -- O. 8 août 1821 ; L. 20 mars 1835.

Routes stratégiques. -- L. 9 juillet 1836.

Routes délaissées (parcelles à acquérir) -- L. 24 mai 1842.

Roi (proclamation du). -- 25 juin 1815

Royale (bannissement de la famille). -- D. 16 décembre 1792.

Royauté (abolition de la). -- D. 21 septembre 1792.

Rues non grandes routes (pavé des). -- Av. 25 mars 1807.

S.

Sacrilège dans les églises. — L. 20 avril 1825.

Saillies (dans la ville de Paris). — O. 24 décembre 1823.

Saint-Louis (statuts de l'ordre de). — O. 22 mai 1816.

Saisie immobilière (procédure). — D. 2 février 1811.

Salut public (formation du comité de). — D. 6 avril 1793.

Salut public (mesures de). — L. 19 fructidor an V.

Sceau (commission du). — O. 15 juillet 1814.

Scellés (apposition après le décès des officiers généraux). — Arr. 13 nivôse an X.

Secours mutuels (société de). — L. 15 juillet 1850.

Secours publics (organisation des). — D. 19 mars 1793. (V. Bureaux de charité et O. 2 avril 1831.)

Secrétaires généraux des préfectures (remplacement des). — D. 18 prairial an XIII.

Secrétaires généraux de préfectures (suppression définitive). — Arr 15 décembre 1848.

Sels. — D. 11 juin 1806 ; L. 17 juin 1840 ; D. 15 avril 1848.

Séminaires (élèves des). — D. 9 avril 1809.

    Id.   (distribution de bourses). — O. 2 novembre 1835.

Sénatoreries (établissement des). — S.-C. 14 nivôse an XI.

Séparation de corps (appels de jugements de). — O. 16 mai 1835.

Septennalité. — L. 9 juin 1824.

Sépultures. — D. 23 prairial an XII.

Services publics (écoles des). — L. 30 vendémiaire an IV.

Service militaire (congés et dispenses du). — L. 27 messidor an VII.

Servitudes militaires (places de guerre). — L. 17 juillet 1819 ; 10 juillet 1851.

Siège (état de). — L. 10 fructidor an V ; 9 août 1849.

Sociétés commerciales (insertion des actes dans les journaux). — L. 31 janvier 1833.

Sociétés populaires. — D. 29 septembre 1791.

Soldes et revues. — O. 25 décembre 1837.

Sous-préfectures de chefs-lieux (suppression). — O. 20 décembre 1815.

Sous-secrétaires d'État (nomination). — O. 9 mai 1816.

Spectacles (droits d'auteurs). — D. 13 janvier 1791.

   Id.   (incendie des salles de). — Arr. 1er germinal an VII.

Subsistances. — D. 4 mai 1793.

Subsistances militaires. — O. 30 janvier 1821.

Substances vénéneuses (vente des). — L. 19 juillet 1845.

Substitutions. — L. 17 mai 1826

Successions ab intestat (partage des). — D. 8 avril 1791; C. C.

Sucres. — L. 13 juin 1851 ; D. 21 décembre 1851.
Id. (importation; exportation). — L. 26 avril 1833.

Sucre de betterave (fabrication). — D. 15 janvier 1812.

Succursales (circonscription) — D. 11 prairial an XII.

Sûreté de l'Etat (attentat à la). — L. 27 germinal an IV.

Sûreté générale (mesures de). — O. 6 mars 1815 ; L. 8 juin 1815.

Synodes provinciaux et diocésains. — D. 2 septembre 1851.

T.

Tabacs (établissement de la taxe des). -- L. 22 brumaire an VII; D. 16 juin 1808; O. 31 décembre 1817; L. 23 avril 1840.

Télégraphie — O. 24 août 1833; L. 2 mai 1837; D. 19 décembre 1850; 27 décembre 1851.

Télégraphique (correspondance pour les particuliers). L. 29 novembre 1850.

Témoignages (citations des principaux fontionnaires). — D. 4 mai 1812.

Théâtres (établissement des). — D. 29 juillet 1807. *Idem* (police des). — D. 21 frimaire an XIV; L. 30 juillet 1850.

Théâtres des départements — C. 8 décembre 1824.

Théâtre français (organisation) D. 22 décembre 1812; 27 avril 1850.

Thermidor (révolution du 9). — D. 9 thermidor an II.

Timbre (droits de). — D. 12 décembre 1790; L. 25 germinal an XI.

Tontines (associations). -- Av. 1er avril 1809; O. 12 juin 1842; Arr. 26 décembre 1848.

Train des équipages militatres. — O. 4 décembre 1822.

Traité de commerce et de navigation. — L. 30 décembre 1850.

Traitements (portion saisissable). -- L. 21 ventôse an IX.

Traitements (retenues à faire). -- D. 4 avril 1848.

Tranquillité publique. -- L. 28 juin 1815.

Transactions (entre communes et particuliers). -- Arr. 21 frimaire an XII.

Transit et entrepôts -- L. 9 février 1832.

Travaux communaux (enquête; entreprise). -- O. 23 août 1835; 14 novembre 1837.

Travaux publics (commission mixte). -- D. 22 décembre 1812; O. 28 décembre 1828.

Travaux publics (adjudication). -- O. 10 mai 1829.

    Id. (enquêtes). -- O. 18 février 1834.

    Id. (association d'ouvriers). -- D. 15 juillet 1848.

Travaux publics (comptes-rendus). -- L. 25 novembre 1850.

Trésorerie nationale (organisation; comptabilité). -- D. 16 août 1791; Arr. 1er pluviôse an VIII ; O. 18 novembre 1817.

Trésor public (comptables du). -- O. 31 octobre 1824.

    Id. (récépissés). -- L. 24 avril 1833.

Trottoirs (construction des). -- O. 7 juin 1845.

Troupes (enfants de). -- O. 10 juillet 1837.

Tribunal criminel extraordinaire. -- D. 10 mars 1793.

Tribunal révolutionnaire (organisation). -- D. 22 prairial an II.

Tribunal de la Seine (organisation; composition; attributions). -- D. 30 juin 1806; L. 9 juillet 1837.

Tribunal de la Seine (règlement). -- Arr. 6 floréal an X.

Tribunal de la Seine (juges suppléants). -- D. 25 mai
1811.

Tribunal (règlement). -- Arr. 27 nivôse an VIII.

Tribunaux (avis sur projets des lois). — O. 18 avril
1841.

Tribunaux civils (partage d'opinions). -- L. 14 prairial an VI.

Tribunaux de première instance et de police (organisation). — D. 18 août 1810; O. 11 avril 1838.

Tribunaux (costume). — Arr. 2 nivôse an XI; D. 7
juillet 1811.

Tribunaux (discipline). — D. 30 mars 1808.

    Id.   (vacances). -- Arr. 5 fructidor an VIII;
D. 10 février 1806.

Tribunaux maritimes. -- O. 12 novembre 1806.

Tribunaux militaires (organisation). -- D. 22 septembre 1790.

Tribunaux militaires (application des grâces). -- D.
14 juin 1813.

U.

Uniformes (maréchaux et généraux). — O. 19 août 1836.

Université (formation). — L. 10 mai 1806 ; D. 17 mars 1808 ; O. 1er juin 1822 ; 7 décembre 1845.

Université (traitements). — D. 23 mai 1850.

Usure. — L. 19 décembre 1850.

V.

Vapeur (navigation à). — O. 23 mai 1843.

Vénéneuses (vente des substances). — D. 8 juillet 1850.

Vent (fusils et pistolets à). — D. 2 nivôse an XIV.

Vente d'objets mobiliers. — L. 22 pluviôse an VII.

Ventes judiciaires d'immeubles. — L. 1er juin 1841.

Vétérinaire (art). — D. 15 janvier 1813 ; O. 1er septembre 1825.

Vétérinaires militaires. — O. 18 mars 1843.

Vicaires (traitement des). — Av. 19 mai 1811.

Vice-Président de la République (traitement). — L. 19 janvier 1849.

Vices rédhibitoires. — L. 20 mai 1838.

Vieillesse (caisse de retraites pour la). — L. 18 juin 1850.

Villes de France (rang des principales). — O. 23 avril 1821.

Vœux monastiques (abolition). — D. 13 février 1790.

Voirie (contraventions de grande). — L. 29 floréal an X.

Voitures cellulaires. — O. 2 mars 1845.

Voitures de roulage (longueur des moyeux des roues). — O. 29 octobre 1828.

O 245 O

X.

Z.